智慧文脉

人工智能助力中华优秀传统文化的国际传播

张　瑾◎著

中国财经出版传媒集团

经济科学出版社

Economic Science Press

北　京

图书在版编目（CIP）数据

智慧文脉：人工智能助力中华优秀传统文化的国际
传播／张瑾著． -- 北京 ： 经济科学出版社，2025.3.
ISBN 978 - 7 - 5218 - 6860 - 9

Ⅰ．G125 - 39

中国国家版本馆 CIP 数据核字第 2025J4T428 号

责任编辑：冯　蓉
责任校对：郑淑艳
责任印制：范　艳

智慧文脉：人工智能助力中华优秀传统文化的国际传播
张　瑾　著
经济科学出版社出版、发行　新华书店经销
社址：北京市海淀区阜成路甲 28 号　邮编：100142
总编部电话：010 - 88191217　发行部电话：010 - 88191522
网址：www. esp. com. cn
电子邮箱：esp@ esp. com. cn
天猫网店：经济科学出版社旗舰店
网址：http://jjkxcbs. tmall. com
北京季蜂印刷有限公司印装
710 × 1000　16 开　13.25 印张　200000 字
2025 年 3 月第 1 版　2025 年 3 月第 1 次印刷
ISBN 978 - 7 - 5218 - 6860 - 9　定价：78.00 元

前言

第一，为什么必须要研究"人工智能助力中华优秀传统文化的国际传播"？

在全球化的进程中，中华文化这颗璀璨的明珠以其悠久的历史、丰富的内涵和独特的价值观，吸引着世界各地的目光。然而，在信息传播技术和文化竞争愈发激烈的今天，如何让中华优秀传统文化能够更广泛、更深刻地走向世界，已经成为一个迫在眉睫的问题。全球化不再只是经济领域的交融，它深刻地影响了文化的传播方式、接受度以及转化机制。因此，如果我们想让中华文化不仅仅停留在观光与表层体验的层次上，进而成为全球文化生态的一部分，找到适合的传播路径至关重要。

人工智能在这个背景下，带来了全新的技术支持。其强大的计算能力、数据分析和学习功能能够超越传统的传播媒介限制。人工智能的语言处理技术使得文化作品能够跨越语言障碍，自动翻译、精准推送，使更多的国际受众能够接触到中华文化的精髓。人工智能的视觉识别、增强现实和虚拟现实技术，甚至可以让古老的文物、书籍和艺术品以更生动、立体的形式展现在全球观众面前。举个例子，故宫博物院近年来借助 VR 和 AR 技术，通过虚拟展示，让无法亲临现场的观众也能身临其境地欣赏这些文化珍宝。这种体验不仅打破了地理的限制，也让文化传播有了更多的可能性。

但问题在于，如何更好地将人工智能与文化传播相结合？如何在技术进步的过程中不让文化内核被稀释？这些问题值得深思。中华优秀传统文化的传播，不仅关乎文化的输出，更关乎在全球多元文化环境中构建出一种可持续的文化交流模式。这就使得研究"人工智能如何助力中华文化的国际传播"这一课题具有极强的现实意义。我们不能忽视，文化是民族的灵魂，而人工智能正在成为未来科技的引擎，二者的结合必然会引领一种全新的文化传播方式。

第二，前人研究的现状与局限：我们与他们的不同在哪里？

当我们讨论"人工智能助力文化传播"时，这并不是一个全新的课题。事实上，近年来已有不少关于人工智能在语言翻译、虚拟现实和艺术生成等领域的研究。然而，现有研究多集中在技术层面，缺乏对文化传播效果的深入探讨。很多学者关注的是技术的可行性，却忽略了这些技术如何真正服务于文化内容的传递和接受。举例来说，人工智能翻译工具已经在很多文化传播项目中使用，但它们往往只能实现文字的字面翻译，而无法捕捉语言背后的文化隐喻、历史背景与哲学思想。因此，文化传播的深度和精确度常常受到限制。现有的研究成果表明，虽然技术有助于文化的传播，但在内容与技术的结合上，往往还存在着浅尝辄止的问题。

另外，前人研究缺乏跨学科的融合。文化传播不仅仅是文化学或传播学的问题，它同时涉及社会学、心理学、技术哲学等多个领域。因此，单一维度的研究难以全面反映人工智能在文化传播中的复杂作用。比如，虽然有学者探讨了 AI 如何生成艺术作品，或让古老的文化遗产"复活"，但对于这些新技术对受众心态、文化认同感和文化共鸣的深层次影响研究甚少。科技与人文的结合点往往容易被忽视，技术的炫酷效果可能让观众"过目即忘"，而未能真正激发他们对文化的深入理解和认同。

相比之下，本书的创新点在于不再局限于"人工智能如何实现文化传播"，而是深入探讨"人工智能如何更好地服务于中华文化的内核传播"。我们不仅要关注技术的应用，还要探讨如何通过技术强化文化的情感表达、符号传递以及文化认同的构建。同时，本书注重多学科融合，从社会、文化、心理等多个角度去分析文化传播中的复杂现象。

我们的目标不仅仅是技术与文化的简单结合，更要挖掘出技术如何能更好地传达中华文化的精神价值、历史深度和思想内涵。

第三，本书的创新点与解决思路：如何应对挑战？

本书试图通过一种全新的结构与思路，解决人工智能与中华文化传播结合中的诸多问题。首先，我们将以问题为导向，深入探讨人工智能与文化传播交汇的核心难题——文化内容的深度与技术应用的广度如何平衡？其次，书稿从全球化背景出发，特别注重文化在不同文化语境下的传播适应性。人工智能可以帮助我们打破语言、地域的限制，但它能否突破文化背景与思维方式的差异，这是本书试图回答的问题之一。

接着，本书会从技术的应用层面，探讨不同技术在中华文化传播中的独特作用。语言技术、视觉技术、交互体验技术，将在本书的不同章节中分别展开讨论，并配合具体案例。例如，汉字的书法艺术作为中华文化的重要组成部分，如何通过人工智能和增强现实技术展示其独特美感，将是我们讨论的一部分。我们不仅会展示技术的应用，还会讨论这些技术如何尊重文化内容的复杂性，使传播变得既生动又富有内涵。

本书将通过丰富的案例研究，展示人工智能在文化传播中的多样性应用。例如，近年来故宫博物院与科技公司合作开发的智能文物修复系统，通过视觉识别和深度学习技术，能够高效、精准地识别文物的破损情况，并根据历史记录模拟修复过程。这样的案例不仅展示了技术的力量，也反映了中华文化在国际舞台上如何通过新技术焕发新的活力。

本书会从未来的角度展望人工智能在中华文化传播中的应用趋势。我们不仅会分析当前的技术现状，还会结合未来科技的发展方向，对中华文化的全球传播提出具体的战略建议。这部分将不仅仅停留在理论层面，而是通过具体的技术预测和场景模拟，展示未来可能的文化传播新模式。通过对未来趋势的展望，本书将为全球文化交流中的中华文化传播提供有力的理论和实践支持。

1. 人工智能赋能中华文化的全球传播

深入分析了人工智能如何为中华文化的全球传播提供支持，尤其是通过技术创新克服文化传播中的时空障碍，提高传播的精准性与个性化，同时推动中华文化在国际平台上的多元展现。

2. 人工智能助力中华文化传播的理论基础

探讨了文化与科技的深层关系，结合马克思主义文化思想、传播学理论与 AI 技术的应用，揭示了人工智能在文化交流与传播中所扮演的双重角色：作为技术驱动力与文化传播的中介工具。

3. 人工智能助力中华文化传播的政策依据

分析了中国文化体制改革与科技体制改革的互动关系，探讨国家政策如何为 AI 与文化的深度融合提供支持，提出了构建政策支持的有效框架，推动中华文化在全球范围内的战略性传播。

4. 人工智能在中华文化传播中的核心应用领域

重点介绍了人工智能在语言翻译、视觉识别、文化体验等核心领域的应用，具体分析了自然语言处理（NLP）、智能视觉技术、虚拟现实（VR）与增强现实（AR）如何助力中华文化的全球化传播。

5. 人工智能在文化产业中的广泛应用

深入探讨了人工智能在数字文化创意产业中的广泛应用，如智能内容生成、个性化文化产品的推荐、AI 与影视、音乐、文娱等产业的跨界融合，以及博物馆和文化节庆等领域的智能化推广。

6. 人工智能助推中华文化的全球传播策略

提出了优化中华文化全球传播路径的策略，利用人工智能技术设计精准的内容分发策略，推动多元文化传播渠道的拓展，探讨社交媒体和数字平台如何更好地整合 AI 技术进行中华文化的全球推广。

7. 人工智能推动中华文化创新发展的未来展望

展望了人工智能在推动中华文化创新中的巨大潜力，分析了文化生产的智能化转型、个性化文化消费模式的形成以及智能科技如何在非物质文化遗产保护和创新中发挥重要作用。

8. 总结与展望：科技与文化融合的智慧之路

总结了人工智能如何在中华文化复兴和全球传播中发挥关键作用，并对文化与科技融合的智慧路径进行展望，探讨未来 AI 技术如何进一步推动文化全球化的进程，同时保持文化多样性和尊重传统。

目 录

第1章

人工智能赋能中华文化的全球传播

在全球化浪潮汹涌澎湃的当下，文化交流日益频繁，中华文化这颗璀璨明珠承载着千年智慧，亟待在世界舞台上绽放更耀眼的光芒。然而，传播之路并非坦途，诸多挑战横亘眼前。人工智能的崛起，为中华文化的全球传播带来了新的曙光。本章将深入剖析中华文化在国际传播中面临的困境，探究人工智能如何凭借其独特优势，跨越重重障碍，助力中华文化走向世界的每一个角落，开启文化传播的崭新篇章。

1.1 中华文化的当代使命与国际传播挑战

1.1.1 中华优秀传统文化的全球认知现状

中华文化，拥有几千年的历史积淀，一直是世界文化舞台上的重要组成部分。从孔子到老子，从《诗经》到《易经》，中国文化深邃而复杂，充满了智慧与哲理。然而，尽管如此丰富的文化遗产在中国境内得到尊重和传承，但在全球范围内的认知度，还未达到其应有的位置。这并非简单的文化认同问题，而是一个关于"文化壁垒"与"传播模式"的深刻议题。

1. 文化壁垒的存在

在全球化的今天，信息交流变得前所未有的便捷。西方文化，尤其是欧美主导的英语文化，借助现代科技，几乎将整个世界的舞台都占据了。这不仅仅体现在经济、政治领域，更深远地影响了文化的传播与认同。在大多数非中文语言的国家，中华文化的传入一直面临着语言、历史、思想等多重"壁垒"。

语言是传播文化的根本媒介，然而在非中文背景下，中华文化的语言门槛非常高。无论是哲学经典还是古典文学，它们的深刻内涵、隐喻性表达，往往难以通过翻译准确传达。举个例子，很多西方读者在接触《论语》时，最初面临的不是其思想的复杂性，而是语言的艰涩与文化的差异。尽管现有的翻译手段已经取得了显著进展，但任何语言的转换都无法避免文化语境的偏差。因此，即使是语言学上最精准的翻译，也难以全面传递中华文化中那种"气韵生动"的内涵。

中华文化的思想框架与西方文化存在巨大差异。中国的文化体系根植于"天人合一"的哲学理念、儒家强调的"仁爱"精神这些思想看似简单，实则蕴藏着极为丰富的哲理，而它们与西方文化所强调的"个体主义"与"理性思维"有着本质的不同。许多西方学者在接触中国的经典时，常常感到困惑和不适应，因为他们无法轻易将这些观念与他们熟悉的文化体系结合。

中华文化的传播途径并未得到足够的重视和创新。在西方，文化产业的结构化发展为文化传播提供了强有力的支撑。美国的好莱坞，欧洲的博物馆体系，甚至日本的动漫文化，已经形成了全球范围内的影响力网络。与之相比，中国的文化产业虽然也在逐渐崛起，但在全球化背景下，依然缺乏足够的国际化视野与创新传播方式。

2. 中华文化的世界认知困境

中华文化的全球认知现状，至今依然处于一个相对模糊且滞后的状态。即便是在一些经济上取得了显著成就的国家和地区，中华文化的认知度与影响力，也远未能与中国的崛起相匹配。西方世界对于中国的理解，往往停留在表面的"东方神秘"或"古老文明"的印象上，缺乏对其现代化转型、思想深度和文化多样性的真实认知。

一方面，中华文化常被视为"过时的"，是一种"不合时宜"的传统。这种观念有其根源：全球化进程中，科技与信息的迅速发展让传统文化逐渐处于边缘位置。而西方文化，凭借其对现代性的强烈认同，早已成为全球化浪潮中的主导力量。在这种背景下，中华文化往往被视为"古老的文明"，其蕴含的思想被认为与现代社会的快节奏生活脱节。

另一方面，在很多西方国家，中华文化被神秘化或简化为"传统的习俗"，如中国茶文化、武术、书法等，而忽略了其在哲学、历史、文学和艺术等领域的深度。无论是学术研究还是文化交流，大多数外国人对于中华文化的认知，仍然停留在浅尝辄止的层面。

中国的历史，也在世界舞台上经历了种种波折。从古代的"丝绸之路"到近代的鸦片战争，中华文化与世界文化互动时常被外部冲击所阻隔。尤其是在 20 世纪中叶以后，中国在经历了多次动荡与闭关锁国后，中华文化的全球认知进一步受限。即使在今天，外国民众对中国的了解，仍然多半通过"新闻"与"媒体"渠道，而这些渠道所传递的信息大多呈现出中国社会的负面或片面影像。

3. 推动中华文化认知的挑战与机遇

当今的国际社会，正在进入一个信息超载、跨文化交流的时代。在这种背景下，中华文化的全球认知现状，虽面临诸多困境，但也充满着前所未有的机遇。全球化带来了更广阔的视野与更复杂的文化交流形式，也让各国文化的碰撞与融合成为一种必然趋势。越来越多的外国人，尤其是年轻一代，愿意走进中国、了解中国。他们通过电影、文学、艺术、旅游等方式，逐渐拓展对中国文化的认识。

尤其是在数字化浪潮的推动下，互联网和人工智能的崛起，为文化传播提供了前所未有的动力。中华文化的数字化转型，已经成为不可逆转的趋势。中国的电影、音乐、文学、艺术等文化形式，正在通过数字平台走向世界。而更为重要的是，人工智能技术的应用，也让中华文化的传承与传播方式迎来全新变革。人工智能不仅可以突破语言的障碍，帮助传统文化"翻译"成世界通用的语言，还可以通过智能化的内容生成与个性化的传播手段，精准地将中华文化传递到每一个角落。

未来，随着全球文化生态的进一步融合，中华文化的认知面貌必将发生深刻变化。如何利用现代技术手段，突破当前的传播困境，将中华文化的智慧与哲理展现给世界，已经成为我们面临的重要课题。

中华文化的全球认知现状，充满了挑战，但同样也孕育着巨大的潜力。它要求我们不仅仅满足于在国内的文化自信，更要在全球范围内展开文化的对话与传播。无论是通过传统的文化交流，还是借助人工智能等新兴技术，中华文化的未来，必将在全球化的浪潮中熠熠生辉。

1.1.2　传统文化传播中的时代困境

中华优秀传统文化，作为世界文化的重要组成部分，在经过数千年的传承与发展后，至今依然展现出无与伦比的思想深度和艺术魅力。然而，进入现代社会后，尤其是在全球化与数字化浪潮的冲击下，中华文化的传播却面临着前所未有的困境。这种困境并非文化内在价值的丧失，而更多的是在时代背景变化中的适应与挑战。

1. 文化传播的本土化与全球化悖论

随着全球化的深入，世界各国的文化交流日益频繁，中华文化的传播也逐步走向全球。然而，全球化带来了一个不可回避的矛盾：传统文化的传播既需要保持其"本土化"的独特性，又不得不面对全球文化竞争的压力。如何平衡本土文化的传承与全球传播的需求，成为一个亟待解决的难题。

在中华文化的对外传播过程中，许多外界受众在接触中国文化时，往往依旧停留在"东方神秘"的刻板印象中。对于许多非中文文化背景的受众而言，中国传统文化的深厚积淀和哲学思想，难以迅速理解与接纳。尤其是儒家思想、道家哲学等深具文化特色的核心理念，其深邃的内涵和复杂的社会文化背景，在全球化传播中并未能得到完全有效的解释。很多时候，中华文化被简化为"节令习俗"或"文化符号"，被视为静止的、过时的文化遗产，而未能成为"活的"文化，融入全球文明的互动。

如何让中华文化既能保持其独特的本土风貌，又能与世界其他文化有效对接，成为当今时代赋予我们的重要课题。

2. 文化认知的偏差与误解

文化的传播往往带有一定的认知偏差，尤其是在一个文化系统与另一个文化系统之间交织和碰撞时。中华文化的传播，不仅仅是知识和艺术的传递，更涉及对不同文化价值观的理解与接纳。正因为如此，中华文化在国际传播中常常面临认知误差与文化误解。

许多外国民众对中国文化的了解，受限于媒体和新闻报道，往往存在误读。中国的古代文化，尤其是儒家、道家、法家等哲学思想，在西方被误解为过于强调权威、封闭、保守等负面特征。西方注重个人主义、自由平等的民主自由观念与中国古代社会的"天命"与"家族"观念存在明显冲突，导致西方对中华文化深层含义的误解。很多时候，西方学者在解读中国古代哲学时，缺乏对其历史语境的理解，导致了"断章取义"和"片面解读"。

中国自身的传统文化也未能在传播过程中进行足够的现代化与国际化适配。传统的文化输出往往过于依赖原有的文化符号和形式，如中国的茶道、书法、武术等。这些文化形式虽具备浓厚的文化象征意义，但却可能忽视了受众对现代文化语言的需求。在这个信息高度碎片化、注重视觉和互动的时代，中华文化的传播如果仅仅依靠传统的文化形式，很难打破观众的固有印象，也难以吸引更多年轻一代的目光。

在面对这些误解和偏见时，如何有效地引导世界对中华文化的真实认知，消除不必要的误读，已经成为我们面临的又一挑战。

3. 传播途径的局限与创新滞后

中华文化的传播方式，长期以来多依赖于传统的文化外交、学术交流与文化输出等手段。尽管这些方式在某些时期发挥了积极作用，但它们在当今信息时代的传播效果却受到了一定的制约。

传统的文化外交模式虽然能够促进政府间的文化交流，但由于传播手段的单一与信息传播速度的滞后，往往无法快速覆盖广泛的受众群体。特别是对于非官方层面的文化交流，传统的书籍出版、展览展示等方式往往不能满足现代人快节奏、高效率的信息需求，难以触及更广泛的受众群体。

在全球化进程中，文化的传播越来越依赖于信息技术与新兴媒介平台。与欧美文化产业相比，中华文化的传播方式在数字化转型方面相对滞后。虽然中国的影视作品和文化产品近些年取得了一定的国际影响力，但整体来说，中华文化的数字化传播体系建设仍处于起步阶段。相比于好莱坞的强大影视产业和互联网内容平台，中国文化产业的国际化水平仍有较大差距。

在互联网时代，文化传播不再仅仅依赖于官方机构和传统媒体，而是通过社交媒体、短视频平台、数字文艺等多元化渠道进行。如何借助这些新兴技术手段，打破传播瓶颈，实现对外文化的精准化、个性化传播，已经成为当前中华文化国际传播的重要命题。

4. 现代化文化语境中的价值传递

当今世界，文化的价值已经不仅仅体现在单纯的"美学"或"艺术性"上，更体现在它对于现代社会、科技进步、生活方式的适应和引领作用。中华文化要在全球舞台上重新定位和提升其影响力，除了需要在形式和内容上进行创新，还需要思考如何与全球现代文明相对接，如何在全球化的文化语境中展示自身的价值。

这一点在当前中国社会的文化自信构建中尤为重要。中国作为世界第二大经济体，正在不断提升其国际话语权。然而，在文化领域，尽管有着悠久的历史和深厚的底蕴，但仍有不少人对中国文化的现代化价值缺乏足够的认识和信心。尤其是一些外国受众，难以理解中国文化与现代社会之间的契合与互动。这种认知上的偏差，严重影响了中华文化在全球的传播效果。

因此，传统文化的传播不仅仅是"回归传统"的问题，而是如何在现代社会语境中赋予其新的生命和价值。只有通过创新性的方式，展现中华文化如何在现代生活中发挥作用，才能更好地打破时空与思想的桎梏，让中华文化走出国门，走向世界。

中华传统文化的全球传播，面临着时代变革带来的多重困境。文化壁垒、认知偏差、传播途径的局限以及与现代社会的对接问题，都是我们亟须破解的难题。然而，时代的发展也赋予我们前所未有的机遇。通过技术创新与文化创新的双轮驱动，中华文化有望在全球化进程中重塑自我，在世界舞台上展现出独特的魅力与价值。这是一个充满挑战的时代，也是一个充满希望的时代。

1.1.3　全球化语境中的中华文化面临的挑战

在全球化的语境下，文化的流动与融合达到了前所未有的规模。看似"全球大同"的文化景象，却深藏着一种"文化单向度"的隐忧。在这个以英语为主导的文化传播体系中，中华优秀传统文化不仅面临语言、地域的障碍，更深陷在全球文化标准化的潮流之中。对外传播的过程中，我们不得不面对一个核心问题：中华文化如何在保持自身独特性的同时，避免被边缘化？

1. 文化标准化的冲击

全球化带来的并非简单的文化共生，而是某些文化形式对其他文化的强势覆盖。以西方文化，尤其是以美国为中心的流行文化为例，这种文化输出已经形成了一种看似普遍的标准化语言。从好莱坞电影到流行音乐，从社交媒体的算法偏好到国际品牌的广告语境，西方文化的传播不仅输出了文化内容，还建立了文化表达的"标准"。

在这种标准化浪潮中，中华文化面临的不仅是"如何被看见"的问题，更是"如何被理解"的问题。很多时候，传统文化元素被抽象为简单的符号——功夫、龙、长城——但这些符号背后蕴含的文化哲学与价值观却鲜有人提及。更令人遗憾的是，一旦被符号化的文化进入全球文化市场，其深层含义便可能被消费主义冲淡，甚至失去了原本的灵魂。

比如，近些年来中国的春节文化逐渐在全球范围内引起关注，但在许多地方，它被简化为"吃饺子""挂灯笼"的节日庆祝，而节庆背后关于家庭伦理、时空循环的文化观念，却鲜少被提及。久而久之，中华文化可能只剩下"有趣的表面"，却失去了深入交流的空间。

2. 语言的屏障与算法的偏见

语言，是中华文化全球传播的一大障碍。尽管现代科技在逐步降低语言交流的门槛，但语言仍然是理解文化深度的关键。翻译从来不是简单的"词对词"的映射，而是文化语境的深度解码。这种解码过程中往往带来巨大的信息损失，尤其是在人工智能尚未完全理解语义细腻差异的今天。

全球范围内信息传播的"算法化"趋势，又进一步加剧了文化传播的不均衡。社交媒体平台与搜索引擎的内容分发机制，依赖于用户的兴趣标签与行为记录。这种基于流量的内容分发模式，导致小众文化内容很难进入主流视野。而对于中华文化而言，这种算法偏见可能意味着大量深具价值的内容被埋没，只留下那些迎合全球主流审美的表面化输出。

3. 文化差异的固化与误读

全球文化交流看似更加密切，但实际上，文化差异并未因此缩小，反而在某些层面上被放大甚至固化。以文化中的价值观冲突为例，中华文化强调"和而不同""集体主义"的价值观，与西方文化崇尚的"个体自由"与"独立思考"存在明显的冲突。这种冲突在全球化语境中，常常被误读为"中国文化是保守的，缺乏创新精神"。

这种误读不仅来自文化表层的符号化，还来自传播主体的局限性。中华文化的对外传播，长期以来以国家机构为主导，而缺乏民间交流的多样性与灵活性。对比而言，西方文化的传播更多元化——无论是好莱坞电影中的英雄主义叙事，还是 Netflix 中的社会热点探讨，都能够以一种润物无声的方式让观众接纳其核心价值观。而中华文化的传播却常常因为"太过宏大"而失去了与普通人情感连接的能力。

4. 经济力量与文化软实力的不对等

在全球化体系中，文化传播往往与经济力量密切相关。经济强国的文化软实力更容易获得全球范围的认同，这是因为经济实力不仅决定了文化产业的资金投入，还决定了全球受众对该文化的接受度。然而，中国尽管已经成为世界第二大经济体，但文化软实力的建设却并未同步跟上。

这种不对等体现在两个方面：首先，中国文化产业的全球化能力仍处于发展阶段。与迪士尼、华纳等成熟的文化工业体系相比，中国的文化输出在创意深度与传播范围上仍显不足。其次，全球化语境中的文化竞争，不仅需要"经济力量"，更需要"文化自信"。而中华文化的现代化转型，尚未充分展现出其与当代社会语境的契合力。

5. 应对全球化挑战的创新路径

挑战总是与机遇并存。面对全球化语境中的多重挑战，中华文化的传播需要在战略上做出调整，并在实践中探索创新路径。

中华文化应更加主动地参与全球文化对话。这不仅仅是输出内容，更是输出思想。中华哲学中的"和谐""仁爱"等价值观，在全球气候变化、社会不平等等议题上，具有极大的参考价值。通过参与这些议题的讨论，中华文化可以展现其思想深度与时代意义。

技术手段的创新将为文化传播提供新的可能性。人工智能技术的应用，可以在语言翻译、内容生成、个性化分发等方面，突破传统传播模式的限制。例如，通过基于人工智能的交互式数字博物馆，全球观众可以以一种沉浸式的方式了解中国文化遗产；通过虚拟现实技术，外国用户甚至可以"进入"中国的历史场景，感受中华文化的魅力。

更重要的是，中华文化的传播需要从"国家主导"转向"民间驱动"。通过支持民间文化机构、个人创作者以及社会力量的参与，文化传播将变得更加灵活、多元，也更贴近全球普通受众的需求。

全球化语境中的中华文化传播，是一场与时间赛跑的长远挑战。这不仅关乎文化的传播方式与技术创新，更关乎一个民族如何在全球文化竞争中重塑自我认知与价值。只有通过不断的创新与调整，中华文化才能真正成为全球文化版图中的核心组成部分，而不是一个被边缘化的遗产符号。

1.1.4　跨文化理解与误解的传播壁垒

在全球化日益加深的今天，文化传播不再局限于一国一域的疆界，跨文化交流成为推动世界互联互通的重要动力。无论是在经济领域、科技领域，还是文化领域，跨文化理解和误解的现象层出不穷。尤其是在中华优秀传统文化的国际传播中，如何实现真正意义上的跨文化理解，避免误解，成为一个不容忽视的难题。

1. 文化理解的多层面挑战

跨文化传播的核心问题，首先是文化的"同质化"与"异质化"之间的张力。一方面，全球化带来了信息的互通有无，现代社会在某种程度上逐步趋向统一。例如，全球年轻人共享某些文化符号和娱乐趋势，流行文化的全球化成为跨文化交流的一种显性表现。然而，另一方面，文化的多样性仍然存在，并且在许多地方表现得尤为强烈，尤其是在中华文化的传播过程中，这种异质性格外显著。

中华文化源远流长，内涵丰富。它既有五千年的历史积淀，也有独特的哲学、艺术和社会理念。在这个文化体系内部，包容与融合一直是其核心价值之一。从儒家思想的仁爱之道到道家哲学的无为而治，再到佛教的慈悲宽容，中华文化拥有着深邃的思想体系和世界观，这些内涵往往并不容易通过直接的语言翻译或表象的文化符号来传达。文化的背后，是特定历史语境下的社会结构与民众心理的积淀，这些因素构成了文化的深层次理解。

然而，跨文化传播的实际效果往往受到许多误解与偏差的影响。在文化差异的背景下，接收方对于某种文化的理解未必能够完全符合其本意。

2. 跨文化误解的形成机制

跨文化误解的产生并非偶然，它往往源于深层的认知偏差和文化框架的差异。最典型的误解之一便是"文化镜像效应"，即当一个文化体认知和表达某一事物时，往往会通过自己的文化视角进行解读，而忽略了接收方的文化背景。例如，中华文化中的"尊老爱幼"观念，在很多西方文化中可能会被误解为一种"强制性的社会规范"或"过时的父权文化"，而非一种温暖的伦理关系。由此而产生的误解，常常使得文化交流的效果大打折扣。

此外，语言的障碍和翻译的不精准也是跨文化误解的主要原因之一。许多中华文化的核心概念并没有直接的外语对应词，例如"气""道""阴阳"等概念，如何在跨语言的语境中精确传达其深层次的含义，是每个翻译者和传播者都必须面对的问题。即使使用人工智能技术进行翻译，往往也难以捕捉到这些文化概念的独特意义，而可能导致信息的"失真"或"误传"。

还有一种常见的误解，来自文化符号的"图像化"。在一些情况下，文化传播者会将传统文化符号进行视觉化再现，如在广告、电影或数字媒体中使用具有文化象征意义的元素。然而，部分符号的解读在不同文化背景下可能完全不同。例如，中国的"龙"象征着尊贵、力量和好运，但在某些西方文化中，"龙"往往被视为邪恶的象征。这种对符号的文化误读，往往带来不必要的冲突与误解。

3. 人工智能如何缓解文化误解

那么，如何通过人工智能技术来化解跨文化传播中的误解呢？首先，人工智能的语言处理能力为跨语言传播提供了前所未有的助力。自然语言处理（NLP）技术的发展，使得机器能够进行更加精准的语义分析与翻译。通过训练更为智能的翻译模型，AI 能够在翻译过程中不仅注重语言的准确性，还能够综合考虑文化语境、历史背景等因素，力求传达最接近源语言的真实含义。

例如，AI 可以通过深度学习技术学习到不同文化背景下的隐含语义，并且能够根据具体语境来优化翻译。通过大数据的积累，AI 可以了解不同文化圈的情感表达方式，从而避免简单的字面翻译，减少文化误解的发生。此外，AI 还能够通过对语言中情感色彩的分析，帮助文化传播者更好地理解目标受众的文化偏好与情感需求，从而使传播内容更符合接受方的文化预期。

除此，人工智能在文化传播中的另一项重要应用，是图像和视频的自动分析与匹配。通过计算机视觉技术，AI 可以分析图像中的文化符号，识别出其中的文化信息，并进行更为精准的跨文化图像转换。例如，在进行中华文化的宣传时，AI 可以根据目标文化的视觉偏好，自动调整图像的表达方式，避免因文化符号的误读而引发不必要的误解。

人工智能还能够通过社交媒体与网络平台上的大数据分析，实时反馈文化传播的效果。AI 可以对传播过程中的文化反应进行量化分析，及时发现误解的苗头并加以修正。例如，AI 可以监测社交平台上关于中华文化的讨论，分析其中的负面情绪和误解言论，然后通过适当的方式进行干预，调整传播策略，以更好地促进对中华文化的理解与认同。

总的来说，跨文化理解与误解的传播壁垒，不仅仅是语言上的障碍，更是文化深层次认知的碰撞。在全球化的背景下，中华优秀传统文化的传播面临诸多挑战。如何在尊重差异的基础上实现有效的文化沟通，如何通过科技手段减少误解，已成为当今文化传播领域亟待解决的重要问题。人工智能作为新时代的技术产物，提供了前所未有的解决方案。它不仅能够促进跨文化理解，还能够为中华文化的全球传播提供新的机遇。在未来的文化传播中，AI 的应用将不仅仅是工具，它还将成为架起不同文化之间理解的桥梁，推动全球文化的和谐共生。

1.2　人工智能的跨文化影响力

1.2.1　AI 在全球文化传播中的角色演变

人工智能（AI）在文化传播中的作用，远远超出了传统技术工具的范畴。它不仅仅是一个信息处理的助手，更是文化交互与演绎的全新动力源。从最初的工具性角色，到如今在文化创意、传播策略乃至全球文化理解中的深度介入，人工智能已经逐渐成为全球文化传播的核心力量之一。

1. 文化传播的起点：工具与媒介的演化

回顾文化传播的历史，人类一直在追求更高效、更精准的交流方式。从口口相传到书面文字的诞生，从传统纸质媒体到数字平台的兴起，每一次媒介的变革，都是对文化传播速度与深度的突破。而人工智能作为数字化工具的一部分，其角色的转变，正是文化传播技术变革的最新体现。

最早，人工智能仅仅作为辅助工具出现，其应用主要集中在语言翻译、信息检索等基础领域。比如，早期的机器翻译系统虽然在跨语言传播中提供了帮助，但由于算法的局限性，翻译质量常常无法满足复杂文化内涵的准确表达。而随着自然语言处理（NLP）技术的发展，人工智能在语言上的能力逐渐突破，不仅能够更准确地翻译文本，还能通过语境分析，捕捉语言中的情感色彩与文化含义。这种进步，使得人工智能在跨文化传播中不仅仅是工具，更逐渐成为文化信息的解读者与传递者。

同时，AI 在图像识别、音视频内容生成等领域的应用，也进一步推动了文化传播方式的多元化。人工智能让我们得以轻松地访问到来自世界各地的文化资源，从虚拟博物馆到在线展览，从智能推荐系统到定制化的文化体验，AI 正在悄无声息地改变我们接触文化的方式。

2. 传播方式的变革：从单向到多向

传统的文化传播，往往是单向的，传播者通过媒介向受众传递信息，而受众在这一过程中处于较为被动的接受状态。然而，随着人工智能的发展，这一单向传播模式正在逐步改变。AI 所带来的一个显著变化，就是赋予受众更多的参与感和互动性。

例如，智能推荐算法的普及，使得全球用户能够根据自身的兴趣和历史行为，定制化地获取与自己文化背景和偏好相契合的内容。在全球化日益加剧的今天，这一特性为跨文化交流提供了前所未有的机会。文化的传播不再仅仅依赖单一的、被动的受众群体，而是通过大数据与算法，形成了一个更加复杂且多元的文化互动网络。不同文化之间的交互不再局限于单向的输出，而是形成了双向甚至多向的传播格局。

AI 在这个过程中充当了"桥梁"的角色。它通过数据驱动的分析，能够打破文化壁垒，实现文化的精准传播。例如，某一地区的传统节庆文化，通过 AI 技术，能够根据不同文化的接受程度与偏好，设计出个性化的文化体验内容，从而在全球范围内实现更为精准的传播。这种智能化的传播模式，不仅提高了传播的效率，也在某种程度上缩小了文化差异，增进了不同文化之间的理解与认同。

3. 文化内容的智能化与创造性转化

随着技术的不断进步，AI 的作用不仅仅停留在信息的处理与传递层面。更为重要的是，人工智能在文化内容的创作与创新方面，展现出了巨大的潜力。在过去，文化创作是人类独立的智力活动，而现在，AI 的参与让这一过程变得更加开放与多元。例如，在音乐、电影等创意产业中，AI 被广泛用于辅助创作和内容生成。AI 不仅能够根据历史数据与用户偏好，定制化地创作出符合目标受众口味的文化产品，还能够在创作过程中引入创新元素，打破传统的创作框架，催生出前所未见的艺术作品。某些 AI 艺术作品，如算法生成的音乐作品、AI 创作的文学作品，甚至引发了关于"艺术"与"创造"的哲学讨论：如果一首曲子是由人工智能创作的，那么它还属于"艺术"吗？它是否能够传达与人类创作相同的情感和意义？

从这一角度来看，人工智能不仅仅是文化传播的工具，更在不断挑战人类对文化创作的理解和边界。通过智能生成的文化内容，我们可以更深入地探索文化的边缘与创新，体验到前所未有的艺术表现形式。而这种转化，无论是从艺术创作本身的角度，还是从文化的全球传播视角，都会给我们带来深远的影响。

4. AI 与全球文化传播的未来

人工智能在全球文化传播中的角色演变，正处于一个不断扩展与深化的过程中。它不仅仅是技术层面的突破，更在文化、社会、哲学等层面，推动着全球文化交互的多元化、个性化和智能化。然而，随着 AI 在文化传播中的参与程度越来越深，其带来的伦理与社会问题也不可忽视。因此，未来的全球文化传播，必须在追求技术进步与创新的同时，更加注重对文化多样性的尊重和对伦理责任的承担。

人工智能的出现为文化传播提供了新的机遇，也带来了前所未有的挑战。如何在这个充满变革的时代，利用人工智能实现更为精准、包容、多元的文化传播，将是全球文化交流中的核心议题。而这一过程，离不开技术、文化、伦理三者的深度融合与智慧探索。

1.2.2 文化传播技术的历史变革与人工智能的驱动力

我们在讨论文化传播时，首先不能忽视一个关键点：技术始终是文化传播形式和效率的推动力。回顾人类历史，每一次科技的革命都深刻影响着文化的流动与变革。从印刷术的发明，到电波的传播，再到互联网的诞生，每一项技术进步都在以不同的方式改变着人类文明的面貌。而如今，人工智能（AI）的崛起，正推动着文化传播进入一个全新的时代。

1. 文化传播技术的历史演进

从古代的口口相传，到书写与印刷的出现，人类的文化传播方式经历了多个阶段。口口相传是最原始的文化传播方式，它依赖人与人之间的直接交流。随后的文字发明与纸张的普及，使得人类文化开始突破地域与时间的限制，文化得以存储和传递，逐步从个体走向集体。从古代的雕刻文字到近代的印刷术，人类的文化传播不再局限于一个人的记忆，而是转向了文献与出版物的广泛传播。

再往前推进，19 世纪中期，电报、电话等通信技术相继问世，通信速度的飞跃改变了世界的格局。尤其是广播、电视的诞生，使得文化传播不再局限于少数精英手中，而是普及至大众，全球信息交流逐步实现实时性与跨越空间的距离。这一时期的技术变革，为大规模文化传播奠定了基础。

但是，真正的跨越式发展出现在互联网的诞生之后。互联网打破了地理与文化的藩篱，人类信息的传播不再受限于传统媒体的框架。随着社交网络的兴起，文化传播变得更加个性化、定制化，并且更加互动化。互联网时代，我们不仅是信息的接收者，也变成了信息的生产者。

2. 人工智能的驱动力：文化传播的"下一步"

在这一历史进程中，人工智能无疑是当前最具革命性的技术力量。AI 带来的不仅仅是数据处理能力的提升，它还在重新定义文化传播的方式与内涵。

人工智能为文化传播带来了巨大的数据处理能力。人类进入信息爆炸时代，每天产生的数据量极其庞大，而这些数据背后的文化信息却往往湮没在浩瀚的网络中。AI，尤其是大数据和机器学习技术的结合，使得这些海量信息可以被高效整理、分析，并根据用户的兴趣、需求进行精准推荐。通过对受众行为和偏好的分析，AI 能够将中华文化的各个方面精准地传递给不同的全球观众，甚至实现跨文化和跨语言的传播。

基于自然语言处理（NLP）的翻译技术，通过机器学习训练的智能翻译系统，可以实现更加流畅、精准的跨语言交流。AI 翻译不仅仅是将文字从一种语言转化为另一种，更重要的是，它能够"理解"语言背后的文化语境。这样，复杂的中文古典文学或哲学思想就可以通过 AI 的帮助，更好地传递给不同语言的世界，让全球更多人能够领略到中华文化的精髓。

更重要的是，AI 还为文化传播的创作与生产提供了全新的工具。AI 技术不仅在内容推荐和翻译领域展现出巨大的潜力，还能够直接参与文化创作的过程。我们可以看到，AI 已经能够帮助艺术家进行艺术作品的创作，无论是音乐、绘画、文学作品，还是影视作品的编剧。AI 可以通过分析大量的文化数据、艺术风格、历史潮流等信息，生成具有创意的艺术作品。对传统文化的再创造，不再局限于人类的经验与能力，而是借助人工智能的技术，将传统文化元素与现代审美、全球化需求进行融合，呈现出创新性的艺术表达。

在这个过程中，AI 带来的不仅仅是效率的提升，更重要的是它带来的文化传播模式的根本性变革。传统的文化传播往往是单向的，从文化生产者到文化消费者的流动。但 AI 的参与，让文化传播逐渐成为一个双向甚至多向的过程。文化不再是被动地接受，而是通过智能化的推荐、互动和生成过程，让每个人都成为文化生产的参与者。

3. 多元视角下的 AI 与文化传播

值得注意的是，AI 在推动文化传播时并非单纯地"加速"这一过程，它还赋予文化传播全新的意义与维度。尤其是在全球化的语境下，AI 的技术能力使得文化的传播不再是简单的"输出"或"引入"，而是一个多元文化共存、交织和碰撞的过程。人工智能不仅可以使中华文化在全球范围内更加广泛地传播，它还能够帮助全球不同文化之间进行对话、理解和交流。

在这个过程中，人工智能并非冷冰冰的技术工具，而是一座文化交流的桥梁。通过 AI 技术的应用，不同文化之间的"差异"不再是鸿沟，而是可以被深度理解、解构与重构的交汇点。人工智能推动的是一种跨文化的理解与尊重，而不是文化的同质化或单向输出。通过 AI，中华文化可以以全新的方式与世界各地的文化进行融合，带来更丰富的文化体验。

同时，AI 的赋能也使得文化传播具有了"即时性"和"精准性"。比如，AI 能够通过实时数据监测，洞察到文化内容在全球范围内的传播趋势和受众反响。这为文化传播提供了强大的反馈机制，让中华文化的传播者可以及时调整传播策略与内容，更加符合全球不同文化背景下观众的需求。

4. AI 推动文化传播的挑战与思考

尽管人工智能在文化传播中的潜力巨大，我们依然不能忽视它带来的挑战。首先，AI 的普及和应用会导致文化传播过程中原有的"人文关怀"被某些冷冰冰的数据分析所替代。AI 可以帮助我们传播文化，但它是否能真正理解文化的情感和内涵？在使用 AI 进行文化传播时，我们是否会丧失传统文化中那种深沉的情感和价值观的传递？

AI 技术虽然能够处理大量的数据并提供精准的内容推荐，但它是否会限制文化的多样性？过于依赖算法推荐可能会导致信息的"过滤泡沫"，让文化传播变得越来越单一，甚至陷入某种程度的同质化。如何在保持 AI 效率和精准性的同时，保证文化传播的多样性和创新性，是我们亟须解决的问题。

1.2.3　AI 与文化传播的跨学科融合

在过去的几个世纪里，文化传播的方式和形式随着社会的发展发生了深刻的变化。技术，尤其是信息技术的发展，为文化传播提供了更广阔的舞台。然而，随着人工智能的崛起，文化传播不再是单纯的"文化"与"技术"的结合，而是进入了一个更加复杂的跨学科融合阶段。这种融合不仅仅是技术层面的相互渗透，更是哲学、心理学、社会学等多学科视角的交汇与碰撞。

1. 人工智能与社会学：文化传播的社会背景与生态

我们首先可以从社会学的角度来审视 AI 与文化传播的结合。社会学研究文化传播时，常常会涉及文化的接受者、传播者及其所处的社会环境。而人工智能的出现，不仅仅是增加了文化传播的技术手段，它还改变了人类社会的结构和信息流动的方式。AI 能够洞察并预测用户的文化需求，使得文化内容的传播不再是一个单向的、由传播者主导的过程，而是进入了一个双向互动的模式。

这一变化的根本驱动力在于人工智能背后的"大数据"理念。通过对人类行为的深度分析，AI能够捕捉到消费者文化需求的变化，精确识别出不同群体的兴趣点和文化倾向。这种对社会群体和个人行为的精准建模，不仅能推动文化的精准传播，还能对社会文化结构的演变产生深远的影响。例如，全球化背景下，AI能够通过分析不同国家、地区的文化特色，为中华文化提供更加个性化的传播路径。这种由数据驱动的精准文化传播，让传统文化在新的社会环境中焕发了新的生命力。

然而，这也引发了对"文化同质化"的担忧。社交媒体和内容推荐算法的普及，正在让全球的用户在信息的选择上变得更加依赖系统的推荐，而非主动探索。这种基于人工智能的算法推荐，固然能提高传播的效率和效果，但它也可能削弱文化的多样性和丰富性。在这一点上，社会学的视角提醒我们，文化的多元性应当得到尊重，而不是通过技术手段让不同文化逐步"趋同"或"标准化"。

2. 心理学与人工智能：文化传播的情感连接与人性洞察

人工智能在文化传播中的跨学科融合，还涉及心理学的层面。心理学家早已指出，文化不仅仅是知识的传递，更是情感与身份的构建。在这一点上，AI的深度学习和情感分析技术为我们提供了前所未有的机会。

AI的情感分析技术，可以通过分析文本、语音甚至面部表情，识别出用户的情感状态和情绪需求。在文化传播过程中，尤其是在传递中华文化这种具有深厚情感底蕴的文化时，如何使得受众能够"感同身受"地理解并认同其中的文化价值，显得尤为重要。而通过人工智能技术，文化传播者可以更加精确地掌握观众的情感脉搏，从而在文化内容的创作和传播中融入更多的人性化元素，建立更加深刻的情感连接。

例如，在传统节庆文化的传播过程中，AI可以通过数据分析，精准判断不同地区观众的情感需求，并据此调整节庆活动的传播策略，选择最具感情色彩的元素进行传播，以触动观众的内心。通过这种方式，文化的传播不仅仅停留在认知的层面，更深入到情感和心理的层面，从而形成更加深刻的文化认同。

人工智能还可以通过对行为数据的分析，预测和塑造受众的文化偏好。在这一过程中，AI 不仅仅是一个"工具"，更像是一个"文化心理学家"，它通过对人类行为和心理的洞察，推动文化传播与人性的契合。

3. 哲学与人工智能：文化传播的深层意义与伦理考量

当我们进入人工智能与文化传播的跨学科融合的深水区时，哲学的视角就显得尤为重要。人工智能不仅仅是一个技术工具，它还涉及文化传播中的深层意义和伦理问题。从哲学角度来看，人工智能的应用带来了对文化传播价值的重新审视。

人工智能的参与，使得文化传播不再单纯依赖人类个体的价值观和思维方式。机器通过算法和数据驱动的决策，能够在文化的选择和传播过程中引入"客观"因素，这种"去人性化"的传播方式可能会挑战我们对文化传播中"人本性"的理解。在某种程度上，AI 的冷静、理性和高效，与人类文化传递中的情感、意图、价值观等"主观"因素形成了鲜明的对比。

人工智能在文化传播中的应用，带来了文化传递者与接收者之间关系的重新构建。传统文化传播中的"文化主体"——无论是作家、艺术家，还是学者，都是文化意义的"建构者"。而在 AI 驱动的文化传播时代，文化的"主体性"是否会被技术系统所取代？AI 是否能够理解、传达深刻的文化哲理，抑或它所传递的文化仅仅是表面的、符号化的？这些问题需要我们在哲学层面作出深刻反思。

人工智能的应用在某些情况下也引发了伦理上的质疑。例如，AI 在处理文化数据时，是否能避免偏见？它如何判断哪些文化内容值得被推荐？文化价值的筛选标准是否公平？这些问题不仅涉及技术的设计与应用，还涉及更广泛的社会伦理和文化多样性保护的问题。

人工智能在文化传播中的应用，虽然为文化的传递、交流和创新带来了显著的进步，但也引发了许多伦理和哲学上的深刻问题。如何在 AI 的帮助下保持文化的真实性、深度与多样性？如何确保 AI 系统在文化传播中的行为符合道德标准，避免对文化的误解、偏见和排斥？这些问题不仅关乎技术本身，更关乎文化的未来和社会伦理的底线。为了应对这些挑战，必须采取系统化的措施，建立起以人类价值观为主导的 AI 文化传播框架，确保人工智能在文化传播中的健康与可持续发展。

AI 在文化传播中的应用，首先需要建立明确的伦理框架，确保技术的使用能够服务于社会和文化的整体福祉。文化作为社会的核心价值体现，它的传递和创新必须有清晰的伦理底线。具体来说，应该从以下几个方面来确立伦理框架：

（1）文化的多样性与包容性保护。AI 应当遵循文化多样性和包容性的原则，避免通过算法或数据偏见导致文化单一化或对某一文化的排斥。例如，在内容推荐系统中，AI 应避免过度强化某一特定文化或观点的传播，而忽视其他文化的价值和声音。为了实现这一目标，AI 系统的设计者需要在数据采集和内容筛选过程中，尽量避免文化的刻板印象和偏见，力求反映社会文化的多样性与平等性。技术开发者可以通过引入多元文化背景的专家、文化学者参与 AI 系统的设计与数据训练，以确保文化内容的公平性和全面性。

（2）透明度与算法可解释性。AI 系统在文化传播中的应用必须具备较高的透明度，尤其是在内容推荐和价值筛选过程中。算法的设计应当公开和可解释，观众应当能够理解推荐机制、数据处理流程及其背后的价值判断。例如，当 AI 推荐某一文化作品时，观众应能够知道该推荐背后的算法依据、用户行为数据和文化偏好。而这并不意味着完全的技术公开，而是应当建立起一套标准化的伦理审查流程，确保推荐系统不会受到隐性偏见、价值导向的不正当影响，且其决策能够经得起社会和文化批判。

（3）文化价值观的审慎筛选。AI 系统在处理文化数据时，需要有一套明确的标准来判断哪些文化内容值得被推荐，哪些内容可能有违社会公德或伦理底线。这一筛选标准应当建立在尊重本土文化、尊重历史传承的基础之上，同时考虑到全球化背景下的文化交融与多元化。例如，AI 在推荐传统文化内容时，应避免过度简化其深刻的文化意义，也应避免误读或过度符号化的风险。因此，相关的技术规范和监管机制应该关注文化内容的质量和深度，保障其历史语境和文化背景的正确传达。

4. 跨学科融合的实践意义

正如我们所见，人工智能在文化传播中的跨学科融合，不仅仅是技术与文化的碰撞，它更深刻地影响着文化传播的社会背景、情感层面、伦理判断等多维度领域。这种跨学科的融合为中华文化的全球传播提供了新的视野，也提出了新的挑战。如何利用人工智能技术在这些维度上精准发力，如何避免技术带来的文化同质化和伦理风险，是未来文化传播工作者亟待思考的问题。

通过这样的跨学科融合，我们能够更加全面地理解人工智能对文化传播的深远影响，不仅仅是从技术角度，更从人性、社会、哲学等多方面进行深刻的洞察与反思。这种深度的反思，将为我们探索中华文化的全球传播路径提供更加坚实的理论基础和实践指南。

5. 文化传播中的人工智能伦理问题

随着人工智能的快速发展，尤其是其在文化传播领域的广泛应用，AI 技术所带来的伦理问题逐渐成为学界和业界关注的焦点。我们正站在一个全新的时代门槛前，人工智能已经深刻影响并将继续塑造文化传播的方式。但正如所有技术的诞生和进步，人工智能所带来的不仅仅是便利与效率，它还伴随着复杂的伦理困境和道德挑战。特别是在文化传播的语境下，AI 的介入使得文化生产、消费乃至认同的过程发生了根本性的变革。我们需要深刻审视，AI 的使用是否会对文化传播中的价值判断、信息筛选以及文化多样性造成负面影响，如何避免其中潜藏的伦理风险，并确保技术进步不以牺牲人文关怀为代价。

6. 文化传播中的算法偏见与信息过滤

人工智能在文化传播中的一个核心挑战，是它所依赖的算法可能引发的信息偏见。我们生活在一个信息爆炸的时代，传统文化的传播面临着海量信息的筛选和过滤问题。AI 在其中扮演了"信息过滤器"的角色，通过对用户数据的深度学习，推荐符合其兴趣和需求的文化内容，极大地提高了传播效率。然而，这种高度个性化的信息筛选机制，也让我们面临着"算法偏见"的风险。

所谓"算法偏见"，是指人工智能系统在处理数据时，因数据本身的不完备或算法设计的缺陷，导致推荐结果存在偏向性。这种偏见可能在多个层面上体现：比如某一特定文化背景下的内容被过度推送，而忽视了其他文化元素的多样性；又或者某些文化内容因算法的选择偏好，被系统性地边缘化和排除。这种偏见不仅在商业领域造成了"信息茧房"的现象，更在文化传播中引发了对文化单一性的担忧。

AI算法的"过滤泡沫"效应使得受众接触到的信息日益局限于自己的兴趣圈层内，而缺乏跨文化、跨领域的多样性接触。这种现象在某种程度上加剧了全球化背景下的文化隔阂，减少了不同文化之间的交流与理解。对于中华文化的传播而言，尤其需要警惕算法在推送文化内容时可能导致的"偏爱"现象。如果AI过度推崇某些具有市场价值的文化形式，而忽略了中华文化中一些较为冷门的传统或历史遗产，可能会导致中华文化在全球范围内的传播出现片面化的倾向。

此外，人工智能的推荐算法是通过大量用户数据训练而成的，这些数据通常包含了用户的兴趣、浏览历史、消费行为等。然而，这些数据往往反映的是用户的当前需求，而忽略了其对文化的深度理解与多样化需求。比如，一些用户可能只是简单浏览过一些传统节庆的资讯，并不意味着他们对中华传统文化有浓厚的兴趣或深入的了解。在这种情况下，AI算法可能会错误地推送更多此类内容，忽略了更丰富的文化内涵和历史脉络。更严重的是，随着技术的不断进化，AI有可能通过数据分析推测出用户的潜在"兴趣点"，并通过精准的内容推送去引导受众的文化认知，进一步加剧了"信息茧房"效应。

如何解决这一问题？首先，AI开发者需要意识到算法偏见带来的伦理风险，尤其是在文化传播领域。技术设计者应当通过不断优化算法，避免因过度依赖用户数据而带来的"过滤泡沫"效应，确保文化内容的多样性与包容性。其次，政策制定者和学术界也应当对这种算法偏见保持警觉，推动制定相关的道德规范和技术标准，确保文化传播的多样性得到维护。

7. 文化的"去人性化"：人工智能对文化创作的挑战

人工智能的强大计算能力使其在文化生产中展现出极大的潜力——从自动生成文章到创作音乐、绘画，AI 的应用不断突破创作的传统边界。然而，这也引发了关于"去人性化"的担忧。文化的创作不仅仅是技术的堆砌，更是一种情感与思想的表达。人工智能的文化创作，尤其是自动生成的内容，能否真正体现文化的精神和灵魂，成为一个无法回避的伦理问题。

传统的文化创作依赖于人类的情感、直觉、历史背景与社会经验。而 AI 的文化创作，虽然在形式上能够迅速模拟和复制现有的文化元素，但它缺乏人类创作背后的深度情感与价值追求。举个例子，AI 可以通过学习大量的中华古典诗词，生成符合格式的诗歌，但这种生成的诗歌往往缺乏诗人创作时的历史情境、情感共鸣以及文化背景。如果将这种 AI 创作与传统文化创作相提并论，是否意味着我们正在削弱文化创作的"人性"内涵？

更为严重的是，AI 对文化创作的广泛介入，可能会导致文化生产过程的"去人性化"。文化作为社会的灵魂和精神支柱，它的创作应该是个体表达与社会价值的统一。将文化创作交由机器，可能会逐步剥离创作者的个性与情感表达，文化也将逐渐变成一个"可复制"的商品。这种文化的生产模式虽然在短期内可能会带来效率的提升，但从长远来看，可能会对文化的多样性和独特性造成不可逆的损害。

解决这一问题的关键在于如何看待人工智能与文化创作的关系。人工智能应当作为辅助工具，为人类的创作提供灵感和支持，而非替代人类创作者的思维和情感。AI 能够高效地生成内容，快速整理信息，但它不能代替人的情感投入和社会责任。在这一点上，AI 与人类文化创作的关系应当是"互为补充"的，而非"零和竞争"。

8. 文化的"去中心化"与伦理控制

人工智能带来的另一大伦理问题是文化传播的"去中心化"。传统文化传播大多依赖中心化的媒介平台，如电视台、出版社等，这些机构通常在传播过程中扮演着文化内容的筛选者和把关人的角色。AI 的崛起，使得这一传播模式发生了剧变。社交平台、智能推荐系统、短视频等形式，通过用户生成内容（UGC）和算法推送，大大降低了文化传播的门槛。然而，这种去中心化的传播模式虽然增强了信息的普及性，但也带来了文化传播中的"信息污染"问题。

AI 所带来的"去中心化"有时可能会让不良内容，甚至是极端文化思潮在平台上快速传播。社交媒体上充斥着各种未经审查的文化内容，算法推荐系统则可能会无意中加强这种现象。与传统媒体不同，去中心化平台上的信息传播缺乏有效的伦理审查和监管机制，任何人都可以借助技术手段快速传播自己的观点，文化的健康发展面临极大挑战。

为了解决这一问题，必须强化对 AI 文化传播系统的伦理控制。在平台层面，应当建立起更加严格的内容审核机制，通过 AI 与人工的结合，过滤掉极端、虚假、不健康的文化信息。在技术层面，开发者应当考虑到道德责任，设计更加公正、透明、符合社会价值的推荐算法，确保文化传播的健康性与多样性。

1.2.4　文化传播中的人工智能伦理问题

1. 算法的偏见与文化表达的局限

人工智能的核心驱动力之一是算法，而算法的背后往往是数据。AI 通过分析大量数据来预测用户的兴趣，基于这些兴趣来推荐文化内容。这种方式提升了传播效率，令信息传播得更快、更广。然而，这种效率的提升背后，隐藏着不可忽视的偏见问题。

算法在运行时，通常会"优先考虑"那些有着大量数据支持的文化类型和表达方式。这就意味着，传统上更为边缘化的文化，或是小众的文化形式，可能会被系统自动忽略。算法推荐不仅反映了用户的"已知需求"，还会根据大量历史数据推测用户的"潜在需求"，这就导致了文化表达的"单一化"。例如，AI 可能会根据用户的历史浏览记录，推送更多的热门电影、流行音乐或者大众化的文化内容，而忽略那些不被广泛关注、但同样富有文化价值的传统艺术或历史文献。这种单一化的文化传播方式，让我们陷入了"信息茧房"的困境。

算法偏见不只体现在内容推荐的单一化上，还在于它对文化的

"过度简化"。以中文古诗词为例，人工智能可以通过大量现代诗词的数据来生成符合古诗格式的作品，但这些作品往往缺乏人类创作时的历史背景、情感表达以及深刻的文化内涵。更严重的是，如果 AI 在创作过程中依据的是一些极为流行的、受众较多的文化元素，它会排除一些冷门的、具有历史价值的文化形式。这种倾向性不仅弱化了文化的多样性，也使得某些深具历史意义的文化表达被边缘化，甚至遗失。

要避免这种算法带来的偏见问题，我们不仅要审视 AI 的技术框架，更要关注它所依赖的数据。为了让 AI 真正能反映出多元化的文化需求，算法设计者需要更加注重数据的多样性，避免单一文化背景的数据对推荐结果的主导作用。只有在这一点上得到突破，我们才能实现文化传播中的公平性和包容性。

2. 去人性化：文化创作的人工智能化与人文关怀的缺失

当我们谈论人工智能对文化传播的影响时，不仅仅是传递内容的方式发生了改变，甚至连文化的创作过程也在悄然发生变革。从 AI 生成的诗歌、小说到自动化的艺术创作，人工智能已经能够在某种程度上代替人类进行文化创作。然而，这种创作，是否还能称为"文化创作"？或者说，人工智能创作的文化，是否还能够承载人类的情感、思想与历史？

文化创作，是一个深刻的"人类行为"。它不仅仅是对技术的运用，更多的是一种对人类情感、社会背景和历史经验的表达。创作者在创作过程中所蕴含的"人性"，是 AI 无法完全复制的。虽然 AI 能够迅速分析出最符合某种文化形式的创作方式，甚至模拟出诗人、画家的创作风格，但它并不具备人类在特定文化、特定情境下的情感共鸣和思想反思。例如，AI 创作的诗歌，虽然格式完整，语句流畅，却缺乏那种因时代变迁而流淌出的深刻情感，缺乏对社会变革的深切反思。

这种"去人性化"的创作模式，不仅让文化创作失去了灵魂，也使得文化的"创新"变得机械化、公式化。AI 的文化创作，虽然能够高效地复制现有的文化元素，却无法超越已有的框架，无法引领真正的创新。更为重要的是，这种创作模式可能会导致文化逐步变成一种"标准化产品"，它缺乏独特性和个性化，失去了对人类情感的真实表达，甚至可能会催生出一种新的"文化同质化"趋势。

我们无法简单地否定 AI 在文化创作中的价值，毕竟它能够为创作者提供灵感和辅助，帮助他们提升创作效率。然而，若我们过于依赖 AI 进行创作，可能会面临文化生产的"虚无化"问题。技术应该是文化创作的辅助工具，而不是主导力量。真正的文化创作，应该依然是由具有情感和思想的创作者来进行的，而 AI 只能是创作过程中的助手，而非主角。

3. 信息传播的去中心化与文化的伦理挑战

人工智能不仅影响着文化的创作，它在文化传播中的作用也同样不容忽视。在传统的文化传播模式中，信息的传播通常由少数大型媒体机构主导，传播的内容往往经过筛选和把关，有一定的规范性和指导性。然而，AI 的崛起却打破了这种传统的传播模式。借助社交平台、短视频以及智能推荐系统等工具，文化的传播变得更加去中心化，任何人都可以成为文化内容的生产者和传播者。

去中心化的传播带来了信息多样性的同时，也带来了信息质量参差不齐的问题。社交平台上的用户生成内容（UGC）已经成为文化传播的主力军，然而，这种去中心化传播所带来的伦理问题同样不可忽视。当文化内容的生产和传播不再由专业的文化工作者来主导时，如何保障信息的准确性、文化的真实性和价值观的健康性，成为一个急需解决的问题。

更加严重的是，AI 推荐系统的普遍应用，可能会加剧这一现象。智能推荐系统通常根据用户的浏览历史和兴趣数据，推送他们可能喜欢的内容。这一机制虽然提高了文化内容的匹配度，却也导致了信息的"同质化"和"极化"。某些极端的、具有煽动性的内容，可能会通过 AI 的推荐系统得到快速传播，造成文化的偏差和误导。这样的传播机制，无论是在文化的多样性上，还是在社会的伦理规范上，都可能带来极大的挑战。

在面对这一问题时，我们需要建立更为完善的伦理监管机制。尽管技术的创新是不可避免的，但我们不应忽视其可能带来的社会影响。应当通过伦理审查和道德引导，确保 AI 推荐系统的公平性，避免其在文化传播中造成过度的偏向与误导。同时，平台和开发者应当承担起更大的社会责任，对内容的审核和推荐算法进行更加透明和审慎的设计，以确保文化传播的健康发展。

4. 数据隐私与伦理的平衡

人工智能对文化传播的影响不仅仅是文化内容本身，它在背后所涉及的数据隐私问题同样值得关注。为了优化内容推荐，AI 需要收集大量的用户数据，这些数据包括用户的浏览历史、搜索偏好、社交行为等。在这个过程中，用户的隐私往往容易被忽视。更糟糕的是，这些数据可能会被滥用，甚至泄露给不法分子。文化传播中的数据隐私问题，不仅涉及用户的个人信息保护，还关乎社会的道德底线。

在全球范围内，关于数据隐私的伦理讨论已经进入了一个日益严峻的阶段。GDPR（通用数据保护条例）等政策的出台，旨在保护用户的个人数据安全，避免数据滥用。然而，在 AI 不断渗透到文化传播的各个领域时，如何平衡数据的利用与用户隐私的保护，如何在技术创新与伦理规范之间找到合理的平衡点，仍然是一个亟待解决的问题。

文化传播中的 AI 技术，应该在保障数据隐私的前提下，为用户提供更加个性化和优质的服务。这不仅需要技术的创新，更需要社会责任感的增强。只有通过合规的方式获取和使用数据，才能实现科技与伦理的双重共赢。

第 2 章

人工智能助力中华文化传播的理论基础

文化与科技，宛如两条相互交织的脉络，贯穿人类社会发展的始终。在当今时代，人工智能深度融入文化传播领域，引发了深刻变革。这背后蕴含着怎样的理论逻辑？从文化传播的基本理论框架，到技术在其中扮演的中介角色，再到跨文化传播的技术路径与文化认同的双向影响，本章将层层递进，深入挖掘人工智能助力中华文化传播的理论根基，为后续的实践应用提供坚实的理论支撑。

2.1 文化与科技的互动：理论视角

2.1.1 文化传播的理论框架：从语言到符号

文化传播是人类社会的基本行为之一，它不仅仅是信息的简单传递，更是一种符号系统的交换与再创造。这个过程涵盖了从语言到非语言符号的多层次、多维度传播。要理解文化传播，我们首先需要从"语言"和"符号"这两个基本概念出发，理解它们在文化传播中的作用。尤其是在今天，随着人工智能（AI）技术的发展，语言和符号的传播方式正面临着前所未有的变革。从传统的语言交流到基于大数据和算法的文化符号传递，AI 正悄然改变着这一过程。

1. 语言：文化传播的基础媒介

语言是文化传播的根本工具。无论是口头语言还是书面语言，它都承载着文化的核心价值、信仰和思维方式。语言不仅仅是信息传递的载体，更是文化认同的纽带。通过语言的使用，个体与群体可以相互沟通、共享经验，形成共同的文化理解。

从萨丕尔－沃尔夫假说（Sapir－Whorf Hypothesis）出发，我们可以更好地理解语言在文化传播中的深远影响。该假说认为，语言不仅是表达思想的工具，而且塑造了我们思考和感知世界的方式。不同语言体系中的词汇、语法结构和表达方式直接影响着语言使用者的思维模式和世界观。在跨文化传播中，这一理论得到了广泛的验证。当一个文化通过语言表达其思想时，这种语言所承载的深层次文化含义、历史背景和情感色彩，往往是无法通过其他语言完全传递的。因此，语言在文化传播中的重要性，不仅仅因为它是最直接的沟通工具，更因为它深刻塑造了文化的核心内容。

然而，随着人工智能的发展，语言的角色在文化传播中的地位正发生变化。AI 通过自然语言处理（NLP）技术，能够处理和生成多种语言，弥补了语言之间的隔阂，为跨文化传播提供了新的可能性。AI 翻译技术的进步，使得以前难以跨越的语言障碍逐渐被消除。比如，通过机器翻译，AI 能够帮助用户快速理解外国文化中的语言表达，虽然翻译的精准度和深度仍然是个问题，但这种技术仍然促进了全球文化的互通与共享。

AI 的另一大突破，是在语音识别和语音生成领域的进展。如今，智能助手（如 Siri、小爱同学等）不仅能够理解并回应用户的语言，还能够根据用户的需求提供个性化的文化信息推荐。通过 AI 驱动的语言技术，文化传播的方式正在变得更加高效和智能化，同时也更具个性化。然而，尽管 AI 在语言处理方面取得了巨大的成就，它仍然无法完全替代人类在跨文化理解中的直觉和情感。语言，作为文化的核心表达形式，其丰富的历史积淀和情感层次仍然需要人类的主观理解。

2. 符号：文化的深层次表达

在语言之外，符号是文化传播中不可忽视的另一重要元素。符号不仅仅局限于语言，它包括了所有能够传递文化信息的表达方式。符号包括了图像、音响、动作、仪式、艺术作品等一切可以用来传递意义的元素。文化中的很多信息是通过符号传递的，它们可能超越语言本身，而成为更为抽象和深远的表达方式。

符号学是研究符号及其传递过程的学科。费尔迪南·德·索绪尔（Ferdinand de Saussure）认为，符号由"能指"（signifier）和"所指"（signified）两部分组成，能指是符号的形式（如词语、图像等），所指是符号所代表的意义。在文化传播中，符号的作用尤为关键，因为符号往往比语言更具多样性和包容性。一个文化符号的意义，可能因时间、地域、历史背景的不同而发生变化。

随着 AI 技术的发展，符号的传播也变得更加丰富和多样。人工智能通过图像识别、音频分析等技术，能够识别并生成不同文化背景下的符号表达。例如，AI 可以通过对大量艺术作品的分析，学习不同艺术风格和符号的表达方式，从而进行创作。这种技术的应用，在促进跨文化传播方面具有巨大的潜力。AI 不仅能够分析和再现不同文化中的符号，还能够根据用户的个人偏好和文化背景，为其推荐相关的文化符号，极大地提高了文化传播的效率和精准度。

与此同时，符号的多样性和复杂性也给 AI 的应用带来了挑战。尽管 AI 在处理符号时展现了强大的能力，但它在理解符号的深层含义时，仍然存在一定的局限性。符号的意义是动态变化的，它往往包含着丰富的历史、社会背景和情感色彩，而 AI 难以完全捕捉这些复杂的内涵。AI 在处理符号时，更多依赖的是大数据和算法模型，这种方式虽能快速、广泛地传播文化符号，但在深度理解和文化适应性方面，仍然存在不小的差距。

3. 语言与符号的互动：文化传播的复合框架

语言与符号并非独立存在，它们在文化传播中相辅相成，共同构成了文化交流的复杂框架。语言为符号提供了表达的形式，而符号则为语言提供了深层次的意义。两者的结合，形成了一个复杂的传播网络，使得文化能够在不同的社会群体之间流动和传递。

文化传播不仅是符号的交换过程，更是符号意义的生成与再生成。通过语言和符号，文化得以在不同的社会语境中进行重构。文化符号和语言的互动，能够在跨文化传播中形成独特的交流模式。当不同文化通过语言和符号进行对话时，不仅是信息的传递，更是意义的交换与重构。例如，在全球化的背景下，中国文化通过电影、文学作品等符号的传播，逐渐被世界所接受与理解，但这些符号的传播也经历了多次的再创造和诠释，形成了不同文化背景下的"文化重生"。

AI 技术的出现，为语言和符号的传播提供了新的技术手段。通过大数据、机器学习等手段，AI 能够高效地进行语言和符号的转换、传播和再创造。这种技术手段加速了文化符号的全球流动，使得文化传播不再受到地域和语言的限制。然而，正如前面所提到的，尽管 AI 在技术上能够促进语言和符号的全球传播，但它仍然无法完全理解和诠释这些符号背后的文化内涵。因此，在文化传播过程中，AI 的作用更多的是在效率和精准度上进行优化，而非在文化深度上进行创造和再现。

4. 文化传播的挑战与 AI 的未来

虽然 AI 技术在文化传播中的应用已经取得了显著成效，但它面临的挑战依然巨大。从语言到符号，从文本到影像，AI 能够有效地传播文化内容，但其是否能够完全替代人类的文化理解和情感表达，还需进一步考量。尤其是在跨文化传播中，AI 仍然面临着"文化适应性"的问题。

随着人工智能技术的不断发展，我们需要更加关注如何平衡技术的效率与文化的深度。在语言和符号的传播中，我们不仅要依赖技术的精准性，还要关注其背后文化价值的传递。通过对文化传播理论框架的深入理解，我们可以更好地利用 AI 技术，推动文化的全球传播，同时保持文化的多样性和独特性。

2.1.2　技术在文化交流中的中介作用

技术，作为推动社会发展的核心力量之一，在文化交流中扮演着越来越重要的角色。从传统的口头传播到印刷术的革命，再到信息技术的飞速发展，技术不断推动着文化的跨越式传播和交流。尤其是在信息化和数字化时代，技术不仅仅是文化交流的工具，它更是文化传递、再创作和变革的中介，深刻影响着文化的生产和传播方式。

1. 技术与文化传播：从工具到中介

从历史的角度来看，技术在文化交流中的作用经历了不同的阶段。在口耳相传的时代，文化交流依赖于直接的个人接触和面对面的交流。然而，随着印刷技术的出现，文化的传播逐渐脱离了单纯的面对面互动，进入了批量化传播的阶段。书籍、报纸、期刊等印刷品成为文化传递的主要媒介，推动了知识的普及和文化的传播。

进入 20 世纪，尤其是信息技术的兴起，文化传播进入了一个崭新的时代。互联网、社交媒体、数字平台等技术的出现，极大地拓宽了文化传播的边界。技术不再是单纯的传播工具，它已经发展为文化交流的核心中介，成为不同文化之间相互作用和碰撞的场域。文化的传播不再局限于地域和时间的限制，全球范围内的文化交融和互动成为可能。

在这一过程中，技术逐渐从"工具"向"中介"转变。它不仅是文化交流的载体，它通过对文化形式、内容以及传播路径的影响，成为文化交流的重要塑造者。技术改变了文化的呈现方式，也改变了文化如何与受众互动的方式。举个例子，数字平台不仅能够传播电影、音乐、艺术作品等文化内容，还能够通过大数据分析对受众的兴趣进行精准预测，从而推动个性化的文化消费。这种技术引发的"文化生产"和"文化消费"方式的改变，极大地推动了全球文化的交融与变革。

2. AI 作为文化交流的技术中介

进入 21 世纪，随着人工智能（AI）的崛起，技术在文化交流中的中介作用达到了一个新的高度。AI，尤其是深度学习和自然语言处理（NLP）技术，正在改变文化传播的内核。与传统的数字平台不同，AI能够通过智能化算法分析、预测并创造文化内容，推动文化生产和消费方式的深刻变革。

在文化传播中，AI 作为中介的作用可以从多个方面体现出来：

（1）文化内容的生成与创新：AI 可以通过对大量文化数据（如文本、图片、视频等）的学习，生成新的文化内容。这种生成不仅限于模仿，它还能够在现有文化的基础上进行创新。例如，AI 在文学创作中的应用，已经不再是简单的文字拼凑，而是通过对语言结构、修辞方式和文化背景的深刻理解，创作出符合特定文化氛围和审美标准的作品。这种创新不仅改变了文化的生产方式，也影响了文化的接受方式。

（2）文化符号的再创作与传播：AI 不仅仅在内容生成上发挥作用，它在文化符号的再创作和传播中也起到了关键作用。通过图像识别和生成对抗网络（GANs），AI 能够创作和传播不同形式的文化符号，这些符号可能超越传统的文化载体，进入虚拟现实、增强现实等新型技术平台。例如，AI 能够自动生成符合中国传统文化符号（如龙、凤等）的数字化形象，并在虚拟世界中进行互动和展示，从而将这些符号通过数字化手段传播到全球。AI 推动了文化符号的全球流动和再创作，形成了不同文化之间的符号互通。

（3）跨文化理解与翻译：人工智能最为显著的作用之一，是在语言翻译和跨文化理解中的应用。通过机器翻译（MT）和自然语言处理技术，AI 能够快速且高效地将不同语言之间的文化信息进行转换，解决了传统语言交流中存在的障碍。尽管机器翻译的精度尚未达到人类翻译的水平，但它已经在日常跨文化交流中扮演了重要角色。此外，AI 还能通过对上下文的分析，帮助消除语言中的歧义和文化中的误解，促进更加精准的跨文化传播。

（4）个性化文化传播与受众分析：AI 技术的另一大优势在于其强大的数据分析能力。AI 可以通过分析用户的行为数据（如浏览记录、观看习惯、兴趣爱好等），了解受众的文化偏好，进而提供个性化的文化推荐。这种精准的文化推荐不仅仅是简单的信息推送，而是基于大数据分析、算法模型和深度学习的综合结果。例如，AI 可以根据用户的阅读历史，推送具有类似文化背景或情感色彩的作品，帮助受众发现他们可能感兴趣的文化内容，从而实现个性化的文化消费。

3. 技术中介作用带来的挑战与反思

尽管 AI 在文化交流中的中介作用取得了显著成效，但这一过程也带来了不少挑战和反思，比如文化异化与技术依赖。随着技术的深入，尤其是 AI 在文化交流中的广泛应用，一些文化学者开始担忧，技术是否会导致文化的"异化"。在 AI 的影响下，文化传播越来越依赖于算法和大数据，而非传统的文化经验和人类情感。尤其是在跨文化传播中，AI 的智能化推送虽然能够高效地传播文化，但它是否能够准确地理解文化的深层次含义，是否会使某些文化的细节和内涵被忽略或误解，是一个值得关注的问题。过度依赖技术可能导致文化的表面化、简化，甚至对一些独特的、无法用数据描述的文化细节的忽视。

4. AI 中介作用的未来展望

未来，AI 将在文化交流中扮演更加重要的中介角色。随着技术的不断进步，AI 将能够更加精准地理解和创造文化内容，并为不同的受众提供定制化的文化体验。我们预计，AI 将不仅仅是文化传播的中介工具，它还将成为文化创新的引擎，推动全球文化的多元化发展。

然而，在这一过程中，我们也需要保持警觉，确保 AI 技术的发展能够兼顾文化的深度与伦理的审视。通过合理设计和规范，AI 不仅能够促进全球文化的交流与融合，还能够保护文化多样性，确保不同文化在全球舞台上得到公平的表达与传承。

2.1.3　跨文化传播中的技术路径与理论视角

跨文化传播，作为文化交流的核心部分，关乎不同文化间的理解与互鉴。在全球化日益加深的今天，技术，尤其是信息技术与人工智能（AI）的迅猛发展，正深刻影响着跨文化传播的路径与方式。过去，文化传播往往依赖于个人的接触、文字的传递以及有限的媒介渠道，而在如今的技术时代，信息的传播变得更加快捷、广泛与精准。然而，这一进程也充满了复杂性，因为文化不仅仅是知识的传播，更是情感、符号、价值观念的传递。如何借助技术推动跨文化传播，促使不同文化之间产生真正意义上的理解和对话，这是一个技术与人文相结合的问题。

首先，我们要认识到，跨文化传播不仅仅是文化内容的直接转移，它涉及更为深刻的文化再生产与文化认同的再建构。在这种复杂的背景下，技术的作用并非仅限于成为一个"中介工具"——它不只是单纯地把信息从一个地方传递到另一个地方，而是在传播过程中参与了文化符号的重新构建，改变了文化传播的本质。因此，技术不仅是文化传播的手段，它在某种意义上也是文化意义与价值观传递的载体。

1. 技术路径的转变

传统的跨文化传播路径，往往依赖于人际交流、文字翻译、文化理解和社会网络的建立。这些路径尽管在历史上发挥了巨大的作用，但它们也面临着巨大的局限性：文化的差异性、语言的障碍、符号的多义性以及文化背景的错位，都在一定程度上阻碍了不同文化之间的深度交流。在这些挑战面前，技术，特别是信息技术和人工智能的应用，为跨文化传播提供了前所未有的契机。

技术路径的一个重要转变表现在信息传播速度和规模上的突破。过去，跨文化传播往往需要通过专业的翻译、语言学者的引导、文化交流的专门渠道来实现，这一过程既缓慢又有限。而今天，借助互联网、社交媒体、自动翻译系统、视频平台等技术手段，文化传播能够在短短几秒钟内，跨越国界、语言和地域的障碍。例如，社交平台上的短视频、即时翻译技术、人工智能语音助手等，已经能够实时、无缝地帮助人们打破语言沟通的隔阂。技术不仅提升了传播效率，还为文化传播创造了更多互动的机会。人们不仅仅是接受文化信息的"被动接收者"，而是可以通过数字化平台和互动式体验，成为文化交流中的"主动参与者"。这种互动性和即时性，大大增强了跨文化传播的深度与广度。

2. 理论视角的更新

从理论视角来看，跨文化传播中的技术路径与传统文化传播理论相结合，推动了跨文化传播理论的不断更新。传统的文化传播理论，诸如霍尔（Hall）的文化编码与解码模型、贝尔福（Belford）的符号学理论等，往往将文化视为静态的、独立的、局限于特定群体的存在。然而，随着技术尤其是数字化与智能化工具的介入，文化传播不再是一个简单的"输入—输出"过程，它变得更加动态、互动、跨越时空、开放与融合。

从技术路径上来看，传统的跨文化传播依赖于传播者、受众和媒介的相互作用，而在数字化时代，技术的参与使得这一模型发生了变化。具体而言，技术不仅仅是信息传播的工具，它在某种程度上塑造了信息的生产、存储、分发和消费模式。信息的流动更加即时和非线性，传播的媒介更多样且更加个性化。智能技术的介入，不仅加速了传播的速度，还通过算法、数据和精准定位，带来了内容个性化的趋势。例如，AI 驱动的内容推荐机制已经可以在全球范围内，通过用户的数据挖掘和兴趣分析，为受众提供更符合其文化背景和偏好的内容。这种技术的介入，使得文化传播的过程更加符合"受众参与"的新模式。

跨文化传播的技术路径，已经从单一的"传递路径"转变为更加复杂、互动和多维的"参与路径"。这一转变要求我们从新的理论视角出发，理解文化传播中的技术作用。在这一背景下，传统的"文化自治"理论不再完全适用，新的传播模式需要借助更多的技术性框架来进行分析和理解。这不仅仅是技术的赋能，更是文化传播理论的拓展与更新。

3. 技术路径中的文化适配

在跨文化传播中，技术的另一项重要任务是"文化适配"。即，在文化信息的传播过程中，如何通过技术手段，将源文化的内容、语言、符号与目标文化的需求、偏好、理解进行有效的匹配与适配。文化适配不仅仅是对语言的翻译，更是对文化内涵、符号意义和价值观的转化。这一转化往往是复杂的、动态的，涉及文化认同、价值观差异以及历史背景等多个因素。

在这一过程中，AI 特别是自然语言处理（NLP）技术和机器翻译技术起到了核心作用。AI 可以通过学习大量语言数据，实现自动翻译，并根据受众的文化背景进行语言和内容的个性化调整。这种翻译和适配不仅仅是在语言层面的转换，它还能够根据不同文化的习惯、审美、禁忌等进行深度调整。例如，一些字面意思相近但在文化语境中有不同含义的词汇，AI 可以通过大数据的对比分析进行优化翻译，从而避免文化误读和误解。此外，AI 还能够根据受众的文化背景推送适合的文化内容，帮助不同文化的受众更好地理解和接受源文化的内涵。

这种文化适配不仅限于语言翻译的精准度，还包括文化符号的转换和文化感知的调整。例如，在跨文化传播的过程中，某些文化符号可能在目标文化中具有不同的意义或者是完全陌生的，AI 技术可以帮助分析这些符号的文化含义，并为受众提供适当的背景信息。这种适配过程不仅仅是语言上的转换，它涉及跨文化理解的深度与细腻，要求技术具备更高的文化敏感度与认知能力。

4. 技术与文化的互通与创新

跨文化传播不仅仅是对文化的传递和再现，它更是不同文化在碰撞与交融中的创新。在这一过程中，技术为文化的互通与创新提供了无限可能。例如，AI 和虚拟现实（VR）、增强现实（AR）等技术的结合，不仅打破了传统文化传播中"时间—空间"的限制，还为文化的创新和再创造提供了新的平台和工具。在虚拟现实的帮助下，用户可以身临其境地体验另一种文化，感受不同的历史与艺术，通过沉浸式体验加深对异文化的理解与认同。通过数字化和 AI 技术，传统的文化表达形式可以被创新、重构和再造，甚至可以跨越地域、语言和时代的界限，形成独特的文化创造力。

这一过程中，技术不仅仅是文化传播的工具，它更成为文化创新的载体。技术不断推进文化形式的创新，催生了新的文化产业、新的艺术表现形式和新的文化消费模式。例如，AI 在音乐、电影、文学创作中的应用，已经超越了传统的创作方式，它能够在一定程度上"模拟"并"创新"文化的表达，推动跨文化的艺术创新。文化与技术的融合，成为一种双向推动的力量，不仅让传统文化得以保存和传播，更使得全球化背景下的文化多样性得到了更广泛的表达和互动。

跨文化传播中的技术路径，正处在一个不断演进的过程中。技术的发展不仅改变了文化传播的方式，还深刻影响了文化的生产、认知和表达方式。AI 与信息技术的广泛应用，让文化交流突破了传统的语言与地域限制，推动了全球范围内文化的共享与互通。

2.1.4　文化认同与技术介入的双向影响

文化认同是个体和群体在文化意义上的自我定位，它在全球化时代中逐渐成为一个复杂且充满变动的话题。在这个信息爆炸、技术飞速发展的时代，文化认同不仅仅是地理、历史和社会背景的产物，更是通过信息技术，尤其是人工智能（AI）和数字平台的介入，不断被重塑和再创造。正如我们所看到的，技术在跨文化传播中所扮演的角色，不再是单一的工具，技术与文化认同之间的互动关系，呈现出一个复杂的双向影响过程。

1. 文化认同的塑造与技术的介入

文化认同的形成，是一个动态、持续的过程。它涉及个体在一定的社会、历史、地理语境中，通过对共同符号、传统、价值观的认同和接受，形成对自己文化的归属感和认同感。而技术，特别是信息技术和人工智能的兴起，打破了传统文化认同的界限，开启了跨文化的交流与碰撞。这种介入，不仅改变了文化认同的传播路径，还改变了文化认同本身的内涵和维度。

技术为文化认同提供了一个新的表达平台。在传统的文化认同中，文化的认同往往通过家庭、社区、教育等传承渠道进行。每个文化群体都通过这些渠道向下一代传递着语言、风俗、宗教信仰等文化要素。然而，随着全球化的推进，尤其是数字技术和人工智能的介入，文化认同的表达方式发生了剧变。社交媒体、数字平台以及虚拟社区等，为个人和群体提供了更多样化的表达文化认同的空间。通过视频、图文、虚拟人物和在线互动，个体不仅可以展示自己的文化认同，还能够迅速与全球范围内的其他文化群体互动。这种互动，不再是单向的文化传递，而是多方位的交流与融合。在这一过程中，技术不仅仅是传递信息的工具，它在某种意义上重新定义了文化认同的框架，使文化认同的表达变得更加个性化、碎片化、全球化。

技术的介入为文化认同带来了"去中心化"的趋势。传统的文化认同多由主流文化、国家文化或者权威机构主导，这些权威机构往往设定了文化认同的标准和范式。而在数字化时代，文化认同的"中心"逐渐向多元化、分散化发展。社交网络平台的崛起，使得各种文化和认同都可以在网络空间内找到表达的机会。在全球化的语境下，许多本土文化能够通过互联网和数字平台向世界展示，形成了全球文化认同的多样性。同时，个人也能够在这些平台上，创造属于自己的文化身份，参与到全球文化认同的塑造过程中。

2. 技术影响下的文化认同挑战

然而，技术对文化认同的介入，并非单纯的积极作用。随着跨文化传播技术的不断发展，文化认同的塑造面临着诸多挑战。技术的快速发展带来了信息过载、文化碎片化以及认同模糊化等问题，给传统文化认同的形成带来了困扰。在这种背景下，个体在面对来自全球不同文化的影响时，往往会出现认同焦虑，文化的自我定位变得模糊。

信息过载是当今技术环境下的一个显著特点。随着数字平台上信息的迅速传播，个体不仅能接触到自己本土文化的信息，还能迅速接触到全球范围内各种不同的文化。这种信息的广泛流动，虽然在某种程度上促进了文化的交流，但也带来了文化的冲击和认同的困惑。个体在面临多重文化信息的干扰时，往往难以找到明确的文化归属感。特别是在全球化的背景下，文化认同变得更加流动，无法稳定地定义某一文化的"本质"。这种情况下，传统的文化认同概念逐渐被"文化混杂性"和"跨文化认同"所取代，个体的文化归属感变得更加复杂和难以捉摸。

此外，技术的介入在一定程度上也加剧了文化认同的商业化和工具化。许多文化和认同被转化为商品，成为全球数字市场中的"消费品"。个体在选择文化认同时，往往不仅仅是根据文化的内涵和价值来进行选择，更多时候是根据市场需求和媒介的呈现来作出反应。数字平台的内容推荐机制、社交媒体的算法推送，使得个体的文化认同更多地被商业化驱动，形成了一种基于消费和符号消费的认同模式。这种商业化的文化认同，不仅削弱了文化的深度与内涵，也让个体在选择文化时陷入一种表面化、碎片化的消费陷阱，难以真正获得深刻的文化归属感。

3. 文化认同对技术发展的反馈

技术和文化认同之间的关系，往往是双向的，互为因果。技术对文化认同的塑造产生了深远的影响，而文化认同的需求与挑战，又反过来影响着技术的发展方向和应用场景。

文化认同的多样化需求，促使了技术在设计和应用上的不断创新。在数字平台和社交媒体上，个体和群体对于文化认同的表达需求，推动了技术向个性化、多元化方向的发展。例如，社交媒体平台的定制化功能、流媒体平台的个性化推荐系统，都反映了技术对于文化认同表达需求的响应。技术不再是一个被动的工具，而是成为文化认同的积极参与者，它通过算法、数据和人工智能技术，不仅在信息层面提供定制化服务，还能够根据个体的文化背景和偏好，提供文化认同的"量体裁衣"。

此外，随着文化认同的全球化发展，技术的发展也趋向全球化和本土化的结合。许多技术公司在全球范围内推广其产品时，会根据不同地区、不同文化的需求进行本土化的调整。例如，社交媒体平台会根据不同国家的文化背景、语言习惯和社交行为进行算法优化，以适应不同文化的用户需求。这种全球化与本土化的结合，不仅推动了技术的普及与应用，还促进了全球文化认同的多样化。

技术与文化认同之间的关系，是一个复杂的双向互动过程。技术为文化认同的塑造提供了新的路径和平台，但同时也带来了文化认同的挑战和困境。在这个全球化和数字化交织的时代，技术的介入让文化认同变得更加多元、开放和动态，但也让它面临着碎片化、商业化和模糊化的风险。在这种背景下，我们需要更加深入地思考技术与文化认同的互动关系，确保技术在推动文化传播的过程中，能够真正促进文化的深度交流与理解，而非沦为工具化的文化消费品。最终，技术与文化认同的双向影响，将共同塑造一个更加开放、多元和共生的全球文化生态。

2.2 人工智能赋能文化传播的基本逻辑

2.2.1 数据、算法与智能内容生成

在智能化时代，文化传播的核心之一就是如何精准而高效地传递信息。尤其对于传统文化的传播，如何突破语言、文化甚至心理上的多重壁垒，实现更广泛、更深刻的跨文化传播，成为当代社会面临的重要命题。人工智能技术，特别是数据、算法和智能内容生成，提供了崭新的工具与思路。这一部分将从人工智能在文化传播中的应用出

发，深入探讨数据和算法如何推动智能内容的生成与传播，从而增强中华文化的国际影响力。

1. 数据的力量：文化传播的基础

在谈论人工智能如何赋能中华文化的全球传播时，首先必须理解数据在这一过程中扮演的角色。数据，简而言之，是信息的原材料。在文化传播中，数据不仅仅指的是文字、音视频等显性信息，更多的是涉及文化背后潜藏的模式、趋势和用户需求。通过数据的积累与分析，我们能够理解不同地区、不同文化背景下的人们对中华文化的认知、兴趣点与情感反应。

近年来，数据科学与机器学习的进步，使得我们能够通过对大规模文化数据的收集、整理与分析，揭示出不同文化群体的需求与偏好。例如，通过社交媒体平台、文化产品的消费行为以及文化事件的舆情分析，我们可以捕捉到全球各地对中华文化的接受度和理解深度。某些具有深厚历史文化背景的文本，在西方国家的接受度较低，而在亚洲或拉丁美洲地区则可能引起广泛的共鸣。这种差异性通过数据的力量得到清晰呈现，为文化传播提供了直接的参考依据。

更进一步地，数据不仅仅反映现状，它还能够通过与人工智能算法的结合，进行预测与趋势分析。例如，基于历史数据与实时数据分析，人工智能能够预测某个文化主题、某种艺术形式，或者某个文化事件在全球范围内的传播潜力。这些预测帮助文化传播者有的放矢地制定传播策略，提高传播效率与效果。数据，正是连接中华文化与世界各地文化之间的桥梁。

2. 算法与智能化内容生成：精准与个性化

然而，数据本身并不足以直接驱动文化的传播。如何将这些数据转化为有价值、有影响力的文化内容，是人工智能技术的核心所在。这里，算法的作用便不可或缺。人工智能中的算法，特别是机器学习和深度学习，能够对大数据进行分析、理解和生成新的文化内容。

从最基础的自然语言处理（NLP）到更为复杂的生成式对抗网络（GAN）技术，算法通过对文化内容的处理，能够高效生成符合特定传播需求的内容。这不仅仅体现在文字的生成上，更多的是通过算法赋能的内容创作、翻译和定制化传播。例如，AI 可以根据目标受众的文化背景、语言习惯甚至心理状态，生成符合其偏好的文化内容。这种个性化的文化传播方式，显然比传统的大众化传播更能打动受众，增强中华文化的全球传播力。

自然语言处理（NLP）是目前人工智能在文化传播中最为典型的应用之一。通过 NLP，人工智能能够对中华文化经典作品进行精准翻译，甚至根据语境生成符合目标语言文化的表达方式。例如，诗词、文言文的翻译，通过深度学习模型的训练，不仅可以确保语言的准确性，还能在翻译过程中保留文化的韵味与深度，使目标语言的受众能够体验到原文化的精髓。这种智能化的翻译方式，使得语言差异不再成为文化传播的障碍。

此外，AI 驱动的内容生成不仅限于文字。借助图像识别、音视频生成等技术，AI 能够创造出富有表现力的视觉与听觉内容。例如，通过生成艺术，AI 可以重现传统文化艺术形式，如水墨画、京剧、剪纸等，并且根据受众的需求，实时进行创作和定制。这种智能化的艺术创作，不仅让传统艺术焕发新生，也使得全球观众能够在不同的语境中感受到中华文化的魅力。

3. 智能内容分发与个性化体验

智能化内容的生成仅是第一步，更重要的是如何将这些内容精准、高效地推送给全球不同文化背景的受众。而这，正是智能化分发的优势所在。基于大数据分析和用户行为预测，AI 能够实现精准的内容推荐。例如，通过分析用户的兴趣爱好、历史浏览记录和社交网络行为，AI 能够为用户量身定制个性化的文化内容。

例如，某个用户在过去频繁浏览与中华武术相关的内容，那么 AI 系统便会自动推荐有关武术文化的经典视频、文章或者纪录片。与此同时，AI 还能够根据用户的文化背景和理解能力，选择适当的文化深度进行推送。如果用户对中华文化有较深的了解，那么推荐的内容可以更加专业和细致；如果用户的文化背景较为陌生，则可以通过简洁明了的介绍、互动性强的内容引导他们逐步深入。

智能分发的精准性，不仅限于推送内容的质量，还包括内容传播的时机与渠道。传统的文化传播往往依赖于传统媒介和单一传播路径，而在数字化时代，AI 能够根据用户的活跃时间、使用习惯、社交媒体平台的特点，推送最合适的内容。例如，某个节庆文化的推广，AI 可以选择在全球范围内文化热潮高涨的时刻进行推送，借助社交平台的力量，扩大其传播效应。

4. AI 驱动的文化精准营销

精准营销是现代数字化文化传播中的重要一环，而人工智能在这一方面的应用更是为传统文化的传播注入了新的活力。通过数据的收集与分析，AI 能够帮助文化传播者识别出潜在的受众群体，预测其需求，并通过智能化的内容分发与精准化的营销策略，最大化文化内容的传播效果。

举个例子，当一个文化活动或者文化产品准备走向国际市场时，AI 可以根据目标市场的文化消费模式、语言偏好、社交媒体互动数据等，推算出最合适的传播途径与营销策略。通过精确的市场细分，AI 能够识别出最具潜力的受众群体，并对其进行个性化的推送。例如，在欧美市场，AI 可以推送关于中华文化的现代化表达，而在东南亚地区，则可以推送更具传统文化色彩的内容。这种精细化的市场营销，使得中华文化能够针对性地打入不同的市场，以更高效、更有针对性地推动全球传播。

5. 跨文化沟通中的伦理挑战

虽然人工智能技术为中华文化的全球传播提供了强大的支持，但在这个过程中，也伴随着一系列的伦理与社会问题。如何确保文化内容在跨文化传播中不失去其原有的价值与内涵，如何避免文化误读与曲解，如何平衡人工智能的"自动化"与文化传播的"人文性"，这些问题都需要引起足够的重视。

人工智能驱动的文化生成，尤其是在翻译、创作等领域，往往依赖算法对大量数据的训练。然而，算法并非完全中立，它受制于设计者的文化假设与价值观。当 AI 在处理文化内容时，它可能会对一些文化符号、习俗与思想产生误解，进而影响到文化的准确传递。因此，如何建立有效的跨文化伦理标准，确保 AI 在文化传播中的负责任使用，是文化传播者必须面对的挑战。

人工智能通过数据、算法与智能内容生成的手段，为中华文化的全球传播提供了前所未有的可能性。它通过深度分析文化数据，生成精准的文化内容，并通过智能化的分发与个性化体验，大大提高了文化传播的效率和影响力。然而，随着技术的发展，人工智能在文化传播中的应用也带来了一系列的伦理挑战，这需要我们在技术创新的同时，关注文化的多样性和跨文化的深刻理解。

2.2.2 智能化内容分发与个性化文化体验

在数字化的浪潮下，智能化内容分发已经成为文化传播领域的核心命题之一。尤其是当人工智能技术进入文化传播的广阔舞台时，它不仅改变了传统的文化传播方式，更重新定义了文化体验的形式和方式。通过个性化的内容分发，人工智能让文化传播不再是单向的、静态的，而是转变为更加灵活、互动且具有深度参与感的过程。

1. 文化传播中的"精准触达"与"深度参与"

想象一下，你身处异国他乡，语言不通、文化隔阂，然而，通过一个智能设备，中华文化以一种你所能理解和喜爱的方式传递到你眼前。这种体验，不是科幻电影中的场景，而是如今人工智能技术正在实现的文化传播新模式。人工智能通过自然语言处理（NLP）技术、智能推荐算法以及大数据分析，能够精准捕捉到每个个体的兴趣点、需求和偏好，从而为用户提供量身定制的文化内容。

这种"精准触达"背后，依托的是人工智能强大的数据处理能力。无论是通过大数据分析个体行为，还是通过机器学习算法对用户偏好的深度挖掘，AI 技术能够深入了解用户的需求和痛点，从而实现信息的个性化定制。例如，一位对中国古代诗词感兴趣的用户，可能会接收到与诗词相关的解读、翻译、历史背景分析，甚至是与诗词相关的虚拟现实（VR）体验。这种精准的内容分发和定制化的文化体验，让用户不仅仅是一个被动的文化接受者，更成为文化传播的主动参与者。

但个性化的文化体验不仅仅局限于精准推荐的内容。随着人工智能技术的发展，它正在逐渐深入到文化体验的"深度参与"层面。从

VR 和 AR 技术的广泛应用，到智能化的交互体验，人工智能为文化体验提供了全新的维度。例如，借助 AI 驱动的智能导览，博物馆、文化遗址等文化场所能够根据游客的兴趣和需求，提供个性化的讲解和互动。这种"智能化导览"不仅打破了传统参观的被动性，还让观众在与文化内容的互动中获得了更丰富、更有趣的体验。

2. 从"传统"到"创新"：人工智能如何打破文化传播的固有模式？

传统的文化传播方式常常是单向的，从一个文化中心向外传播，接收者在文化传播过程中多是被动接受者。而在人工智能的介入下，这一模式被打破，文化传播变得更加灵活、双向甚至多向。具体来说，AI 的智能推荐系统可以基于用户的历史行为和情感倾向，推送用户可能感兴趣的文化内容，不再依赖单纯的"文化输出"模式。

举一个简单的例子，在中华文化的全球传播中，传统的书籍翻译和文化讲解，往往是基于固定的受众需求与文化框架。但借助 AI 技术，文化传播的形式更加多元化。例如，通过 AI 生成的虚拟文化大使，可以根据每个受众的文化背景、学习进度和兴趣点，定制个人化的学习路径和内容。这种方式不仅提升了文化传播的效果，更激发了受众参与文化体验的热情和兴趣。

然而，个性化文化传播的背后，也面临着一些挑战。首先是算法推荐的"同质化"问题。虽然个性化推荐能够精准地提供用户感兴趣的内容，但有时候算法会陷入一种"信息茧房"的困境。用户的兴趣范围可能因此被限制，而无法接触到更多元的文化内容。其次，个性化推荐的文化内容，在传达深层次文化价值时，可能会缺乏深度。一个被推荐的"热门"文化内容，可能更多关注的是表面的娱乐性和互动性，而忽视了文化背后所蕴含的哲学、思想和历史价值。因此，如何平衡娱乐性与文化深度，是个性化文化传播中亟待解决的问题。

3. "文化定制"：人工智能如何为不同文化背景的受众定制文化内容？

当我们谈到"个性化文化体验"时，背后涉及的不仅是技术，更是文化的适配和本土化。不同文化背景、不同语言习惯和不同历史传统的受众群体，对于同一文化内容的需求、接受度和理解方式，都有着显著差异。人工智能通过大数据分析和机器学习，能够深刻理解受众的文化差异，并且通过多层次的文化定制，精准调整文化内容的呈现方式，以适应多样化的文化需求。

以中华文化为例，当这一文化走向世界，它面对的受众群体五花八门。针对欧美受众，中华文化可能更侧重于哲学、诗词和艺术的传承；而面对东南亚国家，可能更注重传统节庆、民俗和饮食文化的推广。人工智能通过分析全球受众的文化背景，精准捕捉受众的文化需求，并结合数据反馈，提供定制化的内容。这种文化定制不仅提高了文化传播的精度，也增强了中华文化在全球的影响力。

此外，人工智能也可以根据受众的参与情况实时调整内容和推荐。例如，通过虚拟助手技术，AI 可以实时收集用户的反馈，分析用户对文化内容的兴趣程度，并根据用户的互动行为进行实时调整。这种灵活的"即时反馈"机制，不仅提升了用户的体验感，也让文化传播变得更加生动、动态。

4. 从文化消费者到"文化创作者"：人工智能如何激发用户的创作潜能？

在个性化内容分发和文化定制的基础上，人工智能还可以进一步推动文化传播的深度互动，激发用户的创作潜能。过去，文化传播大多是单向的，文化生产者创造内容，而文化消费者接受内容。然而，人工智能的参与打破了这一界限，让文化消费者也能够成为文化的创造者。

例如，AI 可以帮助用户生成基于中华文化元素的原创作品。无论是通过智能生成的诗歌、绘画，还是通过 AI 辅助的音乐创作，用户不仅仅是文化的接受者，还是文化的参与者和创新者。人工智能可以在创作的过程中提供灵感，帮助用户突破传统的文化框架，结合个人特色进行创新创作。这种"创作型"文化传播，不仅推动了文化内容的多样性，也激发了全球用户对于中华文化的参与热情。

同时，人工智能还可以通过社交平台和虚拟社区，提供用户间的互动平台，激发更多文化创作与交流。例如，通过 AI 驱动的虚拟博物馆，用户可以上传自己的文化创作，与来自全球的其他用户进行互动和交流。这种"创作互动"不仅增强了文化传播的趣味性，也让文化内容更加贴近用户的生活和需求。

5. 从"个性化"到"全球化"，人工智能驱动的文化传播将何去何从？

随着人工智能技术的不断发展，我们有理由相信，个性化文化传播将成为未来全球文化传播的重要趋势。通过精准的内容分发和智能化的文化体验，人工智能不仅能够为不同文化背景的受众提供量身定制的内容，更能够在全球范围内推动文化的传播与创新。

然而，这一过程也面临着多方面的挑战。从"信息茧房"到文化的深度传播，从数据安全到文化差异的尊重，如何在人工智能的推动下，实现更加平衡、全面且深刻的文化传播，仍然是一个亟待解决的问题。在未来，人工智能与文化的融合将不仅仅是技术层面的创新，更是文化价值的深度碰撞与融合。而这一切，正在逐步改变我们对"文化传播"这一概念的理解，塑造一个更加丰富、多元、互动的文化传播新格局。

2.2.3　AI 驱动的内容精准营销与文化定制

在数字化时代，内容的精准营销和文化定制不仅是商业领域的热门话题，更是文化传播的关键。尤其在全球化的背景下，文化的传播不再仅仅是一个单向输出的过程，而是一个多元互动、个性化体验的过程。而人工智能（AI）作为技术革新的引领者，正以前所未有的速度，推动着文化传播进入精准化和定制化的新时代。

1. 文化精准营销的意义与背景

精准营销，顾名思义，是指通过深入分析用户的行为数据、兴趣偏好、文化认同等因素，准确地将文化产品和服务推送给潜在的目标群体。在传统文化传播的范畴，精准营销为我们提供了一种更为细致和个性化的方式，尤其是在全球文化多样性日益突出的今天，传统的"一刀切"传播方式已无法满足受众的需求。

但精准营销的实现不仅仅依赖于简单的用户画像，它要求我们在庞大的文化信息中进行深度筛选和分析，理解各个文化群体的差异，挖掘每个群体的文化需求和心理诉求。这种个性化和定制化的传播模式，意味着文化不再是单一的输出，而是基于受众需求的互动与回应。

在这一过程中，人工智能不仅能够通过大数据分析预测受众的兴趣，还能够生成符合受众偏好的文化内容。这一转变，实际上推动了文化传播的深度变革。无论是中华优秀传统文化的再创作，还是现代文化产品的定制化，AI 都在为我们带来巨大的价值。

2. 人工智能如何实现文化精准营销

人工智能在文化精准营销中的应用，首先体现在其强大的数据处理和分析能力上。通过 AI 技术，尤其是机器学习和数据挖掘，平台可以分析受众的行为轨迹、消费习惯、社交互动等数据，构建详细的用户画像。这种用户画像不仅包括基本的年龄、性别、地区等信息，更深入用户的兴趣、情感偏好、文化背景等多维度的深度数据。这一过程的背后，是 AI 强大的数据处理能力，它能够在海量信息中筛选出关键的趋势和规律，形成对受众需求的精准预测。

人工智能在内容生成和推送方面也起到了重要作用。基于对受众画像的理解，AI 可以为用户推荐量身定制的文化内容。这不仅仅是简单的推荐系统，它能够通过自然语言处理（NLP）技术生成符合受众兴趣的文化文本，通过图像识别技术筛选出符合视觉偏好的文化艺术作品，甚至通过语音合成技术提供符合语言习惯的文化体验。这一过程大大提升了文化内容的相关性和吸引力，同时也减少了文化传播中的"信息噪声"，使得文化传播更加有效。

3. 文化定制化的路径与挑战

文化定制化，作为精准营销的延伸，它不仅仅是在文化产品上作出调整，更重要的是从文化传播的方式、语境、形式等方面进行量身定制。每一种文化产品，尤其是传统文化，背后都有其特定的历史、社会、政治和情感脉络。而在全球化的语境下，如何在不同文化背景的受众中进行有效的传播，避免文化误解，达成共鸣，正是文化定制化所面临的巨大挑战。

这里，人工智能再次发挥了关键作用。AI 不仅能够理解受众的文化背景，还能通过深度学习技术将不同文化之间的微妙差异进行建模，进而为不同地区、不同文化圈的用户提供符合其文化认同的内容。例如，AI 可以分析东方文化和西方文化在情感表达、价值观念、审美风格等方面的不同，从而调整传播策略。在这种技术的支持下，中华文化的传播不再是对传统文化的单纯输出，而是一种互动、融合和再创造的过程。

　　然而，文化定制化面临的挑战也是不可忽视的。文化的多样性和复杂性，使得在全球范围内定制文化内容并非易事。即使是最先进的人工智能系统，也难以完全把握每个文化群体的所有细节和情感。因此，AI 在文化定制化中的应用，更多的是一个"引导"与"优化"的过程。它能够为文化产品提供精准的推送和定制化的内容框架，但最终的文化适应和创新，还需要依赖人工智能与文化工作者的深度协作。

　　4. 人工智能赋能中华文化的全球传播

　　中华文化作为全球文化的重要组成部分，其传播面临着一系列挑战。首先，中华文化源远流长，具有深厚的历史积淀，但也因其内容丰富、历史悠久，容易产生文化隔阂和理解困难。其次，中华文化在全球范围内的认同度和接受度并不均衡，尤其是在西方文化主导的语境下，许多中华文化的元素容易被误解或忽视。

　　人工智能通过内容精准营销和文化定制的方式，正为中华文化的全球传播提供了新的可能。通过数据分析和深度学习，AI 能够准确捕捉到不同文化群体对中华文化的兴趣点和需求。例如，通过对全球社交媒体的分析，AI 能够发现哪些地区的受众对中国的传统节庆文化、武术、书法、文学等方面表现出浓厚的兴趣，从而为这些地区的用户量身定制相关的文化内容。通过这种精准化的传播，中华文化能够更加精准地进入不同国家和地区的文化生态。

　　例如，在欧洲，很多人对中国的历史和哲学产生浓厚兴趣，尤其是在对道家、儒家思想的理解上。AI 通过分析社交平台上的讨论和书籍的销量，发现这一群体在哲学类图书中的需求较大，于是推送相关的文化内容，如《道德经》的智能翻译和解读，甚至基于 AI 技术生成的个性化哲学讨论平台。而在东南亚等地区，中华文化的饮食、节庆、语言等元素，则是文化传播的关键点。AI 通过对这些地区文化喜好的细致分析，推送更符合其口味的文化产品，如中国的传统美食、春节文化和粤剧等。

在这一过程中，人工智能不仅是技术的应用工具，更是中华文化"走出去"的加速器。它通过智能化的推送、精准的分析和文化的定制化传播，让中华文化能够突破语言、地域、认知等壁垒，走向全球。

随着人工智能技术的不断发展，其在文化精准营销和定制化传播中的应用将越来越广泛。未来，我们可以预见到，文化的定制化传播不仅仅局限于文字和图像的推荐，甚至会进入到虚拟现实（VR）和增强现实（AR）的领域，通过沉浸式体验让受众更深刻地感受文化的魅力。

然而，值得注意的是，虽然 AI 能够在文化传播中发挥巨大作用，但其终究是技术工具，无法完全取代文化的创造和创新。中华文化的传播，仍然需要文化从业者的参与与引导，AI 只能作为工具和助力，最终的文化创造力和传播力，仍然来自人类对文化的深刻理解与认同。

因此，未来的文化传播将是人工智能与人类智慧的深度融合。这种融合不仅仅体现在技术上，更是在文化理念、传播策略和创新模式上。文化精准营销和定制化传播的未来，依赖于技术的不断进步和人类对文化深度理解的不断提升，最终推动中华文化在全球范围内的传播和创新，形成更加广泛和深入的文化共鸣。

2.2.4 文化传播中的智能化体验与用户参与

在这个瞬息万变的数字化时代，人工智能正在成为文化传播的新引擎，它不仅重塑了文化的传递方式，还深刻改变了文化体验的形式。从传统的单向传播到如今的互动性、多维度、个性化的文化体验，AI 赋予文化传播一个全新的生命力和视角。而其中，智能化体验的设计和用户的深度参与，成为推动文化传播深入人心的关键因素。

1. 从传统到智能化：文化传播的转变

我们可以想象，几十年前，文化传播主要依赖于电视、广播、报纸等传统媒体。这些渠道的特点是单向性、普适性，传播的信息相对固定，观众的角色更多是被动接收。而如今，在 AI 的赋能下，文化传播的面貌发生了根本性的变化。特别是在语言、视觉和交互这三个方面，智能化技术的应用让我们进入了一个更加灵活、多元和参与感更强的文化生态。

　　智能化体验正是在这种背景下崛起的。它不仅仅是技术的展示，而是对传统文化传播方式的一次深刻反思和突破。传统的文化体验往往是从文化创作者到文化消费者的单向流动，消费者处于一个相对被动的接收状态，难以与文化内容发生真正的互动。而智能化体验通过技术手段，突破了这一界限，让每一个文化参与者都能够在体验的过程中，主动去影响、选择和创造文化内容。

　　2. 参与感的重塑：AI 如何让文化体验变得个性化

　　我们生活在一个信息过载的时代，个体对于文化内容的需求已经不再是简单的"观看"或"听取"，而是希望能够以某种方式参与其中，甚至与之产生深度的情感联系。AI 在这里的角色，首先是通过个性化推荐系统将文化内容精准推送给用户，依据用户的兴趣和偏好，为他们打造量身定制的文化体验。

　　这种个性化的文化传播，离不开智能化的数据分析与算法支持。AI 能够通过分析用户的历史行为数据，精准捕捉其潜在的兴趣点。例如，在观看一部关于中国古典诗词的纪录片时，AI 不仅可以根据观众的观看时长、偏好话题、观看频次等数据，推送类似的文化内容，还能够通过文本挖掘和自然语言处理技术，为观众提供文化背景知识、诗词的语言解析，甚至对诗词中深奥的文学意涵进行更为细致的阐释。这种从"阅读"到"理解"的转变，极大增强了文化传播的深度和广度。

　　个性化推荐系统不仅体现在内容的选择上，更体现在参与方式的设计上。例如，虚拟现实（VR）和增强现实（AR）技术的引入，为文化体验提供了全新的维度。在 VR 和 AR 的环境中，用户不仅是"旁观者"，而是文化体验的主动创造者。以中华传统文化为例，用户通过 VR 技术可以穿越到历史长河中，置身于古代宫廷、书院，甚至成为一名古代文人，在互动中体验书法、诗词、琴棋书画等中华传统艺术形式。

这种智能化的文化体验，不再是传统媒体中那种一成不变的节目或演出，而是根据每个用户的独特需求和兴趣，为其量身打造的沉浸式、多感官的体验。这种个性化的体验，让文化传播不再是"信息的传递"，而是一种情感的链接、体验的共享。每一位参与者，都能在这个过程中发现自己的文化身份，体验到属于自己的文化认同。

3. 用户参与：文化传播的主动构建者

除了个性化推荐和沉浸式体验外，AI 的另一项重要贡献在于强化了用户的参与感，使其成为文化传播过程中的主动构建者。传统的文化传播模式中，观众与内容的互动相对有限，观众的声音很难被真正听见。现如今，AI 技术的应用打破了这一局限，用户不仅能够接触到文化内容，还能通过各种方式积极参与其中，甚至对文化内容进行创造和再创造。

例如，文化传播中的智能化体验往往与用户创作紧密相连。在一些数字化博物馆或文化展览中，AI 可以实时分析用户的偏好和反应，根据用户的互动情况调整展示内容，或为用户提供定制化的互动体验。此外，AI 还能够通过人脸识别、姿态识别等技术，实时捕捉用户的情感反馈，对展示内容进行实时调整。这种动态的、交互式的文化传播，使得每个用户都能够成为文化体验的"共同创造者"。

这不仅体现在文化创作的层面，也可以在文化的社交和交流上实现深度互动。传统的文化传播往往仅限于信息的传递和接受，而 AI 的应用使得文化传播可以成为一个双向互动、实时反馈的过程。通过 AI 赋能的社交平台和文化社区，用户可以与全球其他文化爱好者进行互动，分享自己的创作、讨论自己的看法，甚至共同参与文化活动的创意与策划。在这个过程中，文化不再是固化的历史遗产，而是一个充满生命力、不断创新和发展的生态系统。

4. 智能化文化传播的社会意义

智能化体验与用户参与不仅仅是技术层面的创新，它还深刻影响着社会文化的传播方式和价值观念。智能化文化体验，帮助我们更好地理解和传承传统文化，但它并非简单的复刻，而是在技术的加持下进行创新和再创造。通过 AI 的赋能，传统文化得以在全球化背景下焕发新生，呈现出前所未有的活力。

从更广泛的社会意义上看，智能化文化传播的出现，重新定义了文化的普及性与包容性。在传统文化传播模式中，文化交流往往受到地域、语言、时间等多重因素的制约。而通过人工智能的助力，文化传播可以突破这些限制，变得更加开放和普及。无论你身处何地、说何种语言，智能化的文化传播可以让你与全球文化进行无缝连接，促进不同文化间的理解与交流。

与此同时，智能化文化传播还有助于消解文化隔阂和误解，推动全球文化的多元共生。在人工智能的帮助下，我们不再仅仅局限于"翻译"文化的表面信息，而是能够深入挖掘文化的内在精神和情感。从而，不仅让中华文化在全球范围内生根发芽，也为不同文化间的交流与理解开辟了一条更加宽广的道路。

智能化体验与用户参与是人工智能在文化传播中最为突出和革命性的贡献之一。它不仅通过技术手段增强了文化的个性化传播，还通过互动性和参与感的设计，让用户成为文化传播的创造者与推动者。正是这种深度的用户参与，构建了一个开放、包容、共享的文化传播生态，为中华文化的全球传播注入了强大的动力。未来，随着 AI 技术的进一步发展，我们可以期待一个更加智能化、更加多元化的文化传播新时代的到来。而在这个过程中，用户的主动参与和文化的创新传播，将成为塑造文化未来的关键力量。

第 3 章

人工智能在中华文化传播中的
核心应用领域

人工智能技术的飞速发展，为中华文化传播开辟了全新的路径。在语言翻译、视觉识别、文化体验等核心领域，人工智能发挥着不可或缺的关键作用。它如何打破语言障碍，让中华文化跨越国界？怎样借助智能视觉技术，实现中华艺术的数字化转化与创新？又怎样为文化体验带来全新变革？本章将聚焦这些问题，详细阐述人工智能在中华文化传播核心领域的具体应用，展现其强大的赋能效应。

3.1 智能语言技术与中华文化的全球化

3.1.1 自然语言处理（NLP）与跨语言传播

在人工智能的广阔领域中，自然语言处理（natural language processing，NLP）无疑是最具变革潜力的技术之一。它不仅是技术进步的标志，也在文化传播领域展现出巨大的应用潜力。尤其是在跨语言传播中，NLP 技术的出现为解决语言障碍、促进文化交流提供了前所未有的可能。我们生活在一个多语言、多文化的全球化时代，文化的传播不再局限于某一语言的范畴，而是需要跨越语言的鸿沟，打破地域与文化的边界。而 NLP 正是连接不同语言和文化的桥梁，它让中华优秀传统文化得以通过技术手段，以一种更为精准、个性化的方式进入世界的视野。

1. 语言的深层结构与 NLP 的挑战

每一种语言背后都有其独特的思维方式、文化特征和社会背景。语言不仅仅是信息的传递工具，它同时承载着深厚的文化积淀。因此，在进行跨语言传播时，我们面临的挑战不仅仅是文字的转换，更是如何在不同的文化背景下，保留信息的原始意义和情感色彩。

比如，当我们试图将《论语》或《道德经》这样的经典文化作品翻译成外语时，表面上看，它们似乎只是词汇和句子的转换，但实际上，翻译过程涉及的，不仅仅是字面的语言转换，更重要的是语言背后蕴含的哲学思想、社会结构以及历史背景。例如，《论语》中的"仁爱"这一概念，在西方文化中并没有完全对等的词汇。在这种情况下，NLP 面临的一个重要问题就是如何通过技术手段，捕捉并传达出"仁爱"背后更为丰富的文化含义，而不仅仅是其字面意思。

为了应对这一挑战，NLP 技术不仅仅依赖于传统的词汇表和语法规则，它需要结合深度学习等前沿技术，通过大数据分析，学习不同语言中词汇、语法、句式的使用规律，进而对不同文化语境下的语言进行智能处理。通过语境感知，NLP 能够识别并适当处理文化差异带来的复杂性，为中华文化的全球传播提供更加精准的语言处理工具。

2. NLP 技术的创新性突破

随着深度学习和神经网络技术的不断进步，NLP 在跨语言传播中的表现已不再仅限于传统的"翻译"功能。现在的 NLP 技术不仅可以进行单纯的机器翻译，还能理解文本的语义、情感和上下文，从而作出更为精确和具有文化敏感性的翻译和表达。这一点在中华文化传播中尤为重要。

例如，当我们将传统的中国文学作品，如唐诗宋词，翻译成英文时，NLP 系统能够在翻译过程中识别诗歌中的修辞手法、音韵美以及文化典故，从而做出更加符合原意的转化。这种智能化的语境适配，不仅仅是在语言层面的转换，更是文化层面的再现。借助 NLP 技术，翻译不再是单纯的字面工作，而是对文化内容的深入理解与再创造。

正如《诗经》中的"桃花源记"，这不仅是语言的转换，更是对中国古代田园生活的美学意境和哲学理念的传达。NLP 技术在此过程中扮演的，不仅是一个中介工具的角色，它更是文化内容的"再造者"，让中华文化的内涵通过技术的过滤，得以清晰地传递给外国读者。

更为重要的是，NLP 技术为文化传播带来了"个性化"的可能性。在过去的翻译工作中，我们往往依赖于人工翻译员的理解能力，而每个翻译者的理解都会带有个体色彩和文化背景的偏差。而通过 NLP，翻译过程中的标准化、智能化可以最大限度地消除这些偏差，从而使得文化的传播更加精准和全面。例如，某些经典文化的关键词汇或语句在不同语言中具有不同的语义色彩，NLP 能够通过数据学习和情境分析，对这种差异进行适配和修正，从而确保翻译结果在最大程度上反映出原文的文化内涵。

3. 跨文化传播中的 NLP 技术应用场景

在具体的应用场景中，NLP 技术已经广泛地被运用到文化遗产保护、文学翻译、社会研究、国际新闻传播等多个领域。通过自动化的语言处理技术，NLP 能够大规模地分析不同语言间的文本数据，提取其中的文化特征，并加以整理和推广。对于中华文化的全球传播，NLP 能够帮助我们更好地理解不同语言背景下的受众需求，从而定制化地传播中国文化。

以"中国书法"为例，书法不仅仅是文字的艺术，它还是一种独特的文化表达形式，承载着中国人的哲学思想和美学观念。通过 NLP 技术对中国书法的分析，可以帮助外国读者更好地理解书法作品背后的精神内涵，进而在全球范围内推广这一文化形式。NLP 可以通过分析书法文本的字形、笔画、节奏等，结合语境，深入挖掘并传达其深层的文化价值。这种跨文化的传播方式，不仅仅依赖于直接的语言转换，更依托于技术对文化形态的多维度捕捉和再现。

此外，NLP 技术还可以通过多语言平台和社交媒体，帮助我们实现对中华文化的全球推广。在跨国交流中，语言差异往往成为信息传播的巨大障碍。借助 NLP 技术，我们可以实现对多语言信息的自动处理和转化，从而突破语言的瓶颈，使中华文化能够更加迅速、广泛地传播到全球。无论是通过社交媒体平台，还是通过在线学习和文化交流活动，NLP 都能提供强大的支持，确保文化的精确传递和跨文化理解。

4. 跨语言传播的智能化趋势

随着人工智能技术的不断发展，NLP 在跨语言传播中的潜力将进一步释放。未来，NLP 技术不仅仅停留在对语言的翻译层面，而是将进一步深化到跨文化传播的更高层次。通过对文化符号、情感倾向、社会背景等多维度的综合分析，NLP 技术能够实现更为精准的文化传播，它不仅会传递信息，更会传递"文化"。

在未来，我们有望看到更加智能化的 NLP 系统，它们能够根据不同文化的需求，自主选择翻译策略，甚至主动生成文化内容，以满足不同语言背景下的受众需求。例如，在传播中国古典文化时，NLP 系统可能会根据受众的文化背景和阅读习惯，自动调整语言表达的方式，使其更加符合目标文化的审美和认知方式。这种智能化的自适应能力将是未来跨语言传播的核心竞争力。

5. NLP 推动文化自信与文化传播

通过 NLP 技术的加持，中华优秀传统文化能够突破语言的屏障，以更加生动、精准的方式呈现给世界。这不仅仅是技术的进步，更是中华文化走向世界的"文化自信"体现。NLP 为中华文化的全球传播提供了前所未有的技术支持，使得中国的古典文学、艺术形式以及哲学思想能够以更具创新性和包容性的方式，与世界各国文化进行对话与融合。

从《诗经》到《红楼梦》，从儒家思想到道家哲学，中华文化在跨语言传播的过程中，不仅需要借助人工智能技术的力量，还需要在全球化的语境中，保持其独特的文化韵味和哲学深度。NLP 作为一个技术工具，它不仅是在实现翻译和语言转换的功能，更是在帮助中华文化走向全球，打破文化隔阂，建立跨文化理解的桥梁。在这个过程中，NLP 不仅改变了语言传播的方式，更为中华文化的国际传播提供了新的战略视角和创新路径。

3.1.2 经典文学与文化典籍的智能翻译与解读

在传统文化的传播过程中，语言一直是最大的障碍之一。尤其是当我们试图将中华文化推广到国际舞台时，语言的差异和文化的隔阂构成了两大难题。传统的翻译方式不仅费时费力，而且难以忠实再现文化的内涵和精髓。更糟糕的是，语言的差异常常成为跨文化理解的阻隔，许多优美的文学作品和文化典籍在翻译过程中往往失去了原汁原味的韵味，或者被误读为另一种文化语境下的产物。尤其是对于一些富有哲理、深藏智慧的经典之作，传统翻译的局限性显得尤为突出。然而，人工智能技术的迅速崛起，为这一困局提供了全新的解决方案——智能翻译与解读技术的突破，将不仅仅是文化传播的一项技术革新，更是中华文化国际化的一条重要路径。

1. 智能翻译的技术进步与挑战

智能翻译技术，特别是自然语言处理（NLP）技术，在近几年的发展中取得了显著的突破。借助深度学习和大数据技术，机器翻译已经能够处理大多数的语言对，而且在翻译准确性和流畅性上不断提升。尤其是对于一些简单的文章或现代语言，智能翻译的效果已经可以媲美人工翻译。然而，经典文学与文化典籍的翻译远非如此简单。它们往往蕴含着丰富的历史背景、文化符号、语言特色以及哲学思想，这些内容在翻译时很难通过简单的对等词汇来呈现。

例如，《论语》作为中国文化的经典之作，其中所包含的许多词汇和句式，其深层次含义往往难以用其他语言准确表达。《论语》的言辞不仅仅是一个个字的拼接，它们更是中国传统文化、道德伦理、社会规范的体现。这种复杂性，远超过日常口语或新闻文本的翻译难度。传统翻译的方式很难做到完全的传递，因为其翻译结果往往只是字面意义的转换，忽视了文化和哲学层面的内涵。

因此，智能翻译系统的挑战就不再是简单的词汇对照问题，而是如何让机器理解文化背后的含义、价值观以及语境。比如，如何在翻译《道德经》时不仅传达字面上的"无为而治"，而且能够让不同文化背景的读者感知到"无为"在道家哲学中的深刻含义。这个难度，超出了单纯的机器翻译范畴。

2. 智能翻译与文化适配

为了解决上述问题，人工智能与中华文化经典的结合，首先需要从文化适配的角度出发。机器不仅要理解语言本身，还需要理解语言背后的文化特性。这里，人工智能的跨学科融合能力将发挥巨大作用。利用深度学习和知识图谱技术，AI 可以学习大量的中华文化背景知识，并通过不断的训练积累，使其翻译系统能够更好地理解和传递文化中的独特元素。

举个例子，《红楼梦》这部作品中的大量诗词、成语和象征性语言，承载着浓厚的中国传统文化气息。当我们把这些内容翻译成其他语言时，如何让非中国读者感知到其中的意境和象征意义，便是一个巨大的挑战。传统翻译往往需要大量的注释来解释这些文化符号，而人工智能可以通过数据挖掘技术，不断学习并总结文化习惯，自动生成对应的文化解释，从而达到"文化适配"的效果。

这种智能翻译技术的核心，并不在于简单的语言转换，而在于实现"文化适配"。即让机器能够基于对目标文化的理解，提供一个更接近目标语言文化的翻译结果。人工智能并非只做语言的转换者，而是一个文化的桥梁建设者，它通过对语言背景、文化符号、历史脉络的深度学习，提升了翻译的深度和广度。

3. AI 赋能中华经典的解读

除了在翻译层面的突破，人工智能还能够赋能经典文学和文化典籍的"解读"。传统的文学解读过程，通常依赖学者对文本的个人理解和解读，这种方式虽有其学术价值，但也受到个人主观意见的局限。而借助人工智能，我们不仅可以通过大数据分析挖掘出不同版本的解读，还可以通过算法的辅助，挖掘出文本中潜在的深层次含义。

智能解读的核心在于：它能够通过对大量经典文学作品的分析，帮助我们更好地理解这些文化文本的内在结构。例如，AI 可以分析《庄子》中"逍遥游"的深层哲理，结合历史背景、文化传统、哲学思维等多维度的信息，提供出一种系统化的解读路径。这种解读不仅仅局限于字面，而是通过机器的多角度分析，揭示出文本在不同语境下的多重含义。

智能解读技术能够帮助我们打开传统文化文本的"金库"，挖掘出潜在的智慧。例如，在《易经》的解读中，AI 不仅能识别出每个"卦象"的传统解释，还可以基于历史背景和相关经文，通过推理和模拟生成多种可能的解读路径。这种全新的方式，不仅是对传统文献的技术性赋能，更是对文化价值的深度挖掘。

尽管人工智能在经典文学翻译与解读方面已经取得了一定进展，但仍然面临诸多挑战。首先，AI 系统在文化适配和理解方面依然存在技术瓶颈。语言的复杂性、文化的差异性以及哲学的深邃性都给智能翻译和解读带来了难度。其次，机器虽然能够进行大量的数据处理，但它依然缺乏人类在文学与哲学领域中的情感体验和直觉判断，这使得一些细腻的情感表达和深刻的哲理阐述难以完全由机器复制。

不过，随着技术的不断进步，我们可以预见到，未来的智能翻译与解读将越来越能够跨越语言与文化的障碍，真正实现中华文化在全球范围内的精准传播。人工智能的不断优化，将为文化经典的翻译与解读注入新的活力，使其能够更好地为国际社会所理解与认同。

这种前景不仅仅是科技发展的结果，更是文化传播的革命。它将极大推动中华文化在全球范围内的传播，让世界各地的民众能够更好地理解中国的智慧、哲理与美学。通过智能翻译与解读，中华文化的经典作品将更加鲜活地呈现在全球读者面前，成为文化交流的重要桥梁。

在人工智能的赋能下，中华文化经典的翻译与解读正迎来前所未有的机遇与挑战。这一过程不仅仅是技术上的突破，更是文化自信的体现。在未来，随着智能翻译技术的成熟，我们有理由相信，中华文化的经典作品将更好地传递到世界各地，成为全球文化多样性的重要组成部分。而这一切，离不开技术与文化的深度融合，离不开智能翻译与解读的不断创新。

3.1.3 AI 与多语言文化适配的精准性与挑战

在人工智能加速全球化传播的背景下，AI 技术带来的跨语言传播能力无疑是突破性的发展。尤其对于中华文化的全球传播，语言的跨越性和文化的适配性显得尤为关键。然而，AI 在处理多语言文化适配时所面临的挑战，不仅仅是技术的障碍，更是文化的深层次问题。接下来，我将深刻探讨 AI 在这一过程中面临的精准性难题，并对其挑战展开分析。

1. 语言与文化适配的复杂性

语言不仅是沟通工具，它还承载着深厚的文化背景和价值观。每一种语言背后都蕴含着特定的社会习俗、历史传统与思想观念。中华文化本身拥有几千年的历史，语言中充斥着独特的哲理、诗意的表达以及充满民族特性的概念。在这种背景下，人工智能的多语言处理，尤其是翻译技术，不仅仅是简单的语言转换问题，更多的是如何忠实地传递原文化的精髓。

当前的自然语言处理（NLP）技术已经能够较为准确地处理大量常见语言的转换，但在处理中华文化这样一个富有层次和复杂性的体系时，AI 往往显得力不从心。例如，"和谐"这个概念，在中文中不仅仅指代一种社会状态，它还代表着一种理想的精神境界和哲学思想。而将这一层深意准确传递到另一种语言中，尤其是在不同文化体系下，常常难以找到直接的对应。

正如刘勰在《文心雕龙》中所言："言为心声，书为心画。"语言是心灵的镜像，不同语言体系之间的心灵结构存在着天然的差异。AI 技术即便在表面上做到了语言的转化，但其背后传递的文化内涵、价值取向，是否能得到真正的适配与传递，是值得深思的。

2. 语境与语义的精确把握

AI 的多语言处理技术，尤其是机器翻译系统，往往依赖大量的语料库进行模型训练。虽然深度学习和神经网络模型在不断改进，但仍然面临着语境与语义的精准把握问题。机器翻译往往依赖直译的方式，这种方式在很多情况下无法传递出文化中潜藏的情感色彩、语境差异与社会文化内涵。

例如，当将"书法"翻译成英文时，虽然机器能够简单地将其转化为"calligraphy"，但这种字面上的翻译并没有展示出"书法"在中国文化中所承载的艺术、哲学、历史等层面的深度。如果不考虑到这些语境差异，单纯的词汇翻译可能导致对文化精髓的误解或丧失。

此外，AI 在处理一些包含多重意义的词汇时，仍然容易出现误解。例如，"道"这个词在中国传统文化中，不仅指代"道路"的字面意义，还包含了"道德""哲学""宇宙原理"等多重层次的含义。在不同语言环境中，如何能够让目标语言的读者准确理解这种多重内涵，依然是 AI 技术亟待解决的问题。

3. 文化差异与传递的局限性

AI 在进行跨文化传播时，不仅仅是语言的转换，还涉及文化的适配和再现。在这个过程中，AI 必须对不同文化的背景、风俗习惯、社会认知等方面有一定的理解和调适。否则，即使语言转化得当，文化的真正传递仍然会受到限制。

举个例子，中华文化中有很多与"天人合一"相关的理念，它强调人与自然的和谐共生。这一理念在中文语境中自成一体，融入了深厚的哲学思想、文学表达和历史传承，但将其传达给非中文背景的受众时，难免会存在文化鸿沟。AI 在此过程中，需要更多的技术手段去补充传统文化的空白。例如，通过图像识别与生成技术，辅以虚拟现实（VR）或增强现实（AR）等手段，来进行更为生动和形象的文化传播，而不仅仅局限于文字的翻译。

4. AI 文化适配的精确度与跨文化误读

在多语言文化适配中，尤其是在中华文化的全球传播过程中，AI 的精确性不仅仅取决于语言技术本身，还受到文化差异的深刻影响。所谓的"文化适配"，不仅是翻译层面的适应，更是思想、行为模式、情感表达等多个维度的深度对接。

以"儒家思想"这个概念为例，儒家思想在中文中有着丰富的文化背景和历史渊源，但这一概念在许多语言中往往难以找到精准对应的词汇。即便可以翻译为"confucianism"，这一翻译本身就忽略了儒家思想在中国社会中的根深蒂固的影响力、复杂的历史发展及其对现代社会的深远影响。若 AI 只能通过字面翻译，那么所传递的"儒家思想"将远不如其原本意义上的丰满与深刻。

另外，文化间的误读也是 AI 文化适配面临的巨大挑战。某些文化习惯、历史事件、民俗风情等元素的转化，可能因为目标受众的历史认知不同而导致理解上的偏差。这种误读不仅限于文字，还可能在符号、图像甚至音调等方面产生。譬如，"龙"这一中华文化中的象征性动物，在西方文化中多带有邪恶或毁灭的意味，但在中国文化中，龙象征着权力、祥瑞和生命的力量。这种文化符号的转化，可能在 AI 的跨文化适配中被简化甚至扭曲，从而影响文化的原意和传播效果。

5. AI 文化适配的未来发展方向

尽管现阶段 AI 技术在文化适配上存在诸多挑战，但随着技术的进步与跨学科融合的深入，AI 在多语言文化适配的精准性方面的表现将逐步提升。

首先，AI 将在更多维度上实现文化适配，超越语言转换的层面。例如，通过情感分析与语境理解，AI 可以更好地捕捉文化中的情感色彩与思想背景，使得跨文化传播更加贴合目标文化的社会心理和认知模式。

其次，AI 还需要整合更多领域的知识，包括社会学、心理学、历史学等，以便为不同语言和文化背景的受众提供更为精准的传播内容。这不仅要求 AI 能够处理复杂的语言数据，还要能够深刻理解文化背后的社会结构、行为模式以及跨文化的认同与冲突。

最后，AI 与虚拟现实、增强现实等技术的融合，将为文化适配提供全新的可能。通过构建沉浸式的文化体验，AI 能够让不同文化背景的受众不仅通过语言文字来接触中华文化，更通过互动式的文化体验加深理解，跨越文化鸿沟，真正实现文化的精准适配。

AI 在多语言文化适配方面的挑战，不仅仅是技术问题，更是文化深度转化和创新性传播的难题。随着技术的不断发展，AI 将在这一领域不断探索与突破，推动中华文化在全球的传播进程。然而，我们也必须保持清醒的认识：AI 在文化适配中仍然无法完全取代人类的理解和感知。它的作用，是辅助与增强，而非替代。只有人类与 AI 的协同合作，才能实现文化传递的深度与广度，在全球化的浪潮中为中华文化赢得更多的认同与尊重。

3.1.4 智能语言处理中的文化差异与共性

在全球化迅速发展的今天，语言不再是文化传播的简单工具，而是文化认同、情感连接以及思想交流的载体。中华文化作为世界文明的重要组成部分，其精髓和精神内核的传播，不仅依赖于语言的翻译和传播手段的创新，更深刻地涉及语言处理过程中文化差异的细腻把握与共性的精准提炼。人工智能在这一过程中充当着至关重要的角色，尤其是在智能语言处理的层面，它帮助我们突破了语言的隔阂，跨越了文化的障碍，逐渐实现了文化的无缝传播。然而，这个过程远没有想象中简单，涉及的文化差异与共性并非可以通过简单的技术解决，而是需要一种深刻的文化洞察与技术融合。

1. 文化差异：语言的背后隐藏着价值观的深层次分歧

每种语言背后都有其特定的文化背景，语言不仅是交流的工具，它本身就承载着深刻的文化符号和独特的思维方式。例如，在中文中，"和谐"是一个充满文化哲学色彩的概念，而这个概念在许多西方语言中并没有直接对应的词汇。尽管"harmony"或"peace"可以部分涵盖这一含义，但它们往往缺乏中文"和谐"中蕴含的社会关系与群体协调的哲学内涵。这种差异直接影响到跨文化交流中的语言翻译和信息传递。人工智能在此面临的挑战就是如何通过自然语言处理（NLP）算法，精准地捕捉并表达这些潜在的文化内涵。

人工智能通过深度学习和机器翻译模型在跨文化传播中提供了前所未有的便利，但这种便利并非完全等同于文化的传递。例如，Google翻译虽然可以提供即时的文本翻译，但在翻译"和谐"这一概念时，系统往往无法传达其深层的文化意蕴。即便是最先进的 AI 翻译引擎，也无法避免因语言和文化差异所带来的问题。在机器翻译过程中，语言的表面形式往往是被优先考虑的，而深层的文化维度则容易被忽略，导致翻译内容的失真或误读。

然而，AI 技术的进步也在逐步缩小这些差异。通过语料库的不断扩展与优化，AI 可以逐渐识别不同语言中的文化特色，并通过"文化适配"技术，做到更具文化背景的翻译。例如，近年来，一些高端的翻译模型能够根据语境自动调整译文，以尽量保留原文中的文化特征。尽管这种翻译仍处于不断完善的阶段，但它为未来跨文化传播提供了可能。

2. 文化共性：跨越边界的思想与情感连接

与文化差异并行的是文化共性。无论是中文、英文还是其他语言，语言背后都承载着人类共同的情感需求和思想追求。这些共性在全球化背景下成为跨文化传播的重要纽带。无论语言如何变换，人与人之间关于爱、希望、梦想、正义等普遍价值的认同，跨越了语言的障碍，超越了文化的界限。人工智能在这一层面的作用同样不容忽视。

以自然语言处理为例，现代 AI 已经能够有效地捕捉到跨语言、跨文化的情感共鸣。情感分析技术（sentiment analysis）就是基于这种共性进行设计的。它通过对语言中的情感词汇和语气进行智能识别，帮助 AI 理解文本中的情感倾向。在跨文化传播的场景中，情感分析技术能够帮助 AI 更好地把握文化间的共性。例如，在中国传统文化的传播中，AI 不仅仅在表面翻译的层面工作，更是在情感层面寻找到东西方文化的共同点，从而实现更有力的文化输出。

比如，中华文化中强调的"仁爱"和"和谐"概念，在全球范围内都可以找到类似的价值观。尽管不同国家对这些价值的定义有所不同，但大多数文化都强调人与人之间的和睦与相互理解。人工智能通过情感分析，能够捕捉到这种普遍存在的情感需求，并在不同语言和文化环境中找到共鸣点，使文化传播在跨文化的语境下得以顺利进行。AI 通过对文本中的情感元素进行深度剖析，不仅能够提供准确的语言翻译，还能传递文化内涵，使受众无论身处何地都能感受到源自中华文化的情感温度。

3. 智能语言处理中的文化适配：从翻译到情感共鸣

智能语言处理不仅仅是对语言本身的处理，它更是一种文化适配的过程。在这一过程中，AI 需要根据不同文化背景对信息进行智能化的调整，以保证信息的准确传达和情感的精准传递。这种适配不仅仅局限于语言的翻译层面，更扩展到了文化内涵、价值观念和情感共鸣的多维度传递。

以中文诗词的翻译为例，传统的翻译方式往往侧重于字面意义，而忽视了诗词背后深厚的文化背景和情感表达。人工智能的加入，使得翻译过程更加精细化和多元化。通过深度学习和情感分析，AI 可以更好地理解和传递诗词中的文化特质，如诗词中的"意境"与"情感"。此外，AI 还能够根据目标语言的文化特色，进行一定的"本地化"调整，确保诗词中的文化内涵与情感元素在不同语言环境中的呈现不会失真。

例如，诗人李白的《将进酒》在翻译过程中，不仅需要准确传达字面意义，还需要捕捉到诗中豪放、激昂的情感。传统的翻译可能会面临"直译"的问题，而 AI 则可以通过语境分析与情感处理，传递诗中的激情与豪情，使其在不同文化背景下都能得到充分的理解。

4. 文化差异与共性：AI 的未来挑战

尽管 AI 在跨文化传播中的应用取得了显著进展，但我们依然面临着许多挑战。在语言差异和文化冲突的处理上，AI 仍然有不少难题需要解决。尤其是在处理文化特定性和情感共鸣时，AI 技术并不能完全代替人工的深度理解和洞察。未来，AI 在跨文化传播中的应用不仅需要技术的进一步发展，还需要文化专家、语言学家以及社会学家的共同参与。

文化背景的深刻理解对 AI 模型的训练至关重要。人工智能需要通过大量的跨文化语料进行学习，以便在处理跨文化语言时能够更加精准地捕捉到其中的文化细节和情感含义。同时，AI 技术的局限性仍然存在，尤其是在涉及复杂情感表达和文化价值观时。未来的 AI 应当能够通过多维度的信息整合和更高层次的情感分析，进一步提升其文化适应性和传播效果。

总的来说，人工智能在跨文化传播中的应用为我们打开了新的可能性，它不仅突破了语言的障碍，更通过深度学习和情感分析等技术手段，在文化的传播和交流中找到了文化差异与共性之间的平衡点。然而，这一过程仍处于探索阶段，面对不同语言和文化的复杂性，AI 仍需要不断完善与调整。未来，随着技术的发展和文化理解的深化，人工智能将能够更好地推动中华文化在全球范围内的传播与认同，让更多人感受到中华文化的深邃与魅力。

3.2 智能视觉技术与中华艺术的数字化转化

3.2.1 AI 与传统艺术的数字化保护与创新

中华文化源远流长，内容丰富，涵盖了哲学、艺术、文学、历史、宗教等多个方面。随着全球化进程的加快和信息技术的快速发展，中华文化在国际舞台上的传播愈加重要。然而，传统文化的传播并非一蹴而就，尤其在语言差异和文化壁垒面前，跨文化传播的难度尤为突出。正是在这样的背景下，自然语言处理（NLP）技术的出现，为中华文化的全球化传播提供了前所未有的技术支持，开启了文化传播的新纪元。

1. 语言障碍与文化传播的挑战

每一种文化都是通过语言传达思想与情感的载体，而语言本身不仅是沟通工具，更是文化的深层载体。中华文化作为一种具有悠久历史和独特思维方式的文化，其核心思想和哲学精神往往深植于语言的细节之中。因此，当我们试图将中华文化传播到全球时，语言的翻译与转化成为一个无法绕过的障碍。

尤其是在涉及中国古典文学、哲学经典、诗词歌赋时，中文特有的文字、语法结构、象征意义往往使得传统的翻译方法力不从心。传统的"直译"虽然能够传递出某些信息，但往往无法完全再现其中深邃的文化内涵，甚至容易导致误解。而"意译"虽能较为贴近原文的精神，但也容易丢失细节上的美感和层次感。

正因如此，语言差异成为中华文化国际传播中的最大难题之一。如何在全球化的语境下跨越这一障碍，使得中华文化得以更准确、更深刻地传播，成为摆在我们面前的一项紧迫任务。

2. NLP 技术的介入与突破

随着人工智能的飞速发展，特别是自然语言处理（NLP）技术的不断突破，语言壁垒逐渐得到了有效的突破。NLP 技术通过计算机对自然语言的理解与生成，能够实现对文本的分析、翻译、生成、总结等多种处理方式，极大地提升了跨文化语言传播的效率与准确性。

在文化传播的背景下，NLP 技术不仅可以帮助解决语言翻译的问题，还能在更深层次上进行文化解码和重构。通过机器学习和深度学习算法，NLP 可以"学习"不同语言之间的语法、语义以及文化差异，从而为翻译提供更加精准的语境和文化适配。

例如，基于 BERT（bidirectional encoder representations from transformers）和 GPT（generative pre-trained transformer）等先进的深度学习模型，机器翻译系统如今能够更加准确地理解原文的上下文，从而生成更加符合语境的译文。这种技术的进步使得文化经典的翻译不再局限于字面意义，而是能够更好地传达其中的文化精髓。

然而，NLP 的应用并不止于翻译。在智能内容生成方面，NLP 技术也表现出极大的潜力。通过对大量中华文化经典文本的学习，AI 可以自动生成与文化相关的内容，例如诗词、古文或哲学思考，从而在全球范围内展示中华文化的独特魅力。尤其是在"一带一路"倡议的背景下，NLP 技术能够帮助中国与世界其他地区的文化对接，推动文化交流与对话。

3. 跨文化语境中的智能语言处理

中华文化的国际传播不仅仅是语言的转化，更重要的是文化内涵的传递。在这一过程中，NLP 技术不仅要克服语言上的差异，还要应对文化上的复杂性。例如，在翻译中国古典诗词时，不仅需要理解字面上的意思，还需要捕捉其中的象征意义和诗意美感。这就要求 NLP 系统具备较高的文化理解能力，而不仅仅是机械地处理词语之间的关系。

为了实现这一点，AI 需要在跨文化语境中进行深度训练，学习并适应不同文化背景下的表达方式。例如，在翻译中国哲学思想时，AI 必须理解"道"与"德"等概念在中国文化中的重要性，以及它们与西方哲学中类似概念（如"自然法则"或"道德"）的不同含义。只有通过不断积累与优化，AI 才能够在不同文化之间建立桥梁，帮助中华文化的传播者更好地与外国读者产生共鸣。

这一过程不仅是技术的挑战，也是文化的挑战。如何在翻译中平衡文化的传递与语言的转化，使得中华文化的独特性得到尊重和传承，这是 NLP 技术应用中的一大难题。未来的 AI 系统或许能够在进行语言转换时，不仅仅考虑语言的"字面意义"，而是能够捕捉到背后蕴含的文化底蕴，从而实现"跨文化的智能传播"。

4. 文化适配与个性化推荐：AI 赋能中华文化的精准传播

除了传统的翻译任务外，NLP 技术还在文化传播中扮演着更加复杂的角色。随着信息技术的发展，个性化推荐系统成为内容传播中不可或缺的一部分。通过大数据与 AI 算法的结合，NLP 技术能够分析用户的偏好和需求，从而为不同的文化群体提供量身定制的内容推荐。

例如，AI 可以根据用户的兴趣、历史阅读记录、文化背景等信息，推送与中华文化相关的内容。对于西方读者，可能推荐一些关于中国哲学、历史或艺术的解读文章，而对于亚洲其他国家的读者，可能更多地推荐中国文学作品的翻译和评论。这种个性化推荐的方式，不仅能够提升文化传播的精准度，还能够帮助中华文化与世界各地的文化产生更为深刻的对话。

同时，NLP 技术能够帮助文化传播者更好地理解目标受众的语言习惯与文化需求，进而制定更加精准的传播策略。例如，在某些文化背景中，中国的传统节日可能没有西方节日那么明显的文化认同感，而 NLP 技术通过对大量社交媒体和网络数据的分析，能够帮助传播者及时把握受众的情感变化，从而调整传播内容和方式，增强文化传播的效果。

5. 智能语言技术的未来展望

尽管目前的 NLP 技术已经在许多方面展现出其巨大的潜力，但从技术发展的角度来看，智能语言处理仍然面临诸多挑战。首先，语言的多义性、模糊性和文化的复杂性让 NLP 技术在理解和表达上常常存在一定的局限性。其次，NLP 技术在不同语言、文化之间的转换仍需要更加细致的优化和调整。

随着技术的不断进步，NLP 技术有望在理解文化的深度和广度上实现突破。通过对更大规模、更高质量的数据集进行训练，AI 将能够更加准确地理解语言背后的文化内涵，从而为中华文化的全球传播提供更加有力的支持。而这一切的前提，是技术与文化的双向互动，不仅仅是机器对语言的"理解"，更重要的是机器与文化之间的"共鸣"。

通过智能语言处理技术，中华文化能够在全球范围内实现更加精准、高效的传播。随着人工智能技术的不断发展，中华文化不仅能够打破语言的束缚，更能跨越文化的鸿沟，走向更加广阔的国际舞台。在这一过程中，NLP 技术无疑将成为推动中华文化全球化的核心驱动力之一。

3.2.2　智能影像识别在文化遗产中的应用

智能影像识别技术，作为人工智能领域的一个重要分支，近年来在多个领域表现出了其强大的潜力，尤其是在文化遗产的保护和传播中。这一技术的出现，不仅在学术界掀起了巨大的波澜，也给文化产业带来了革命性的影响。智能影像识别系统通过深度学习、图像处理、数据分析等先进技术，能够精确地从大量的影像中提取出有价值的信息，从而为文化遗产的数字化保护和全球传播提供了新的方法与思路。

1. 智能影像识别技术的基本原理

在探讨智能影像识别在文化遗产中的应用之前，我们必须首先了解其基本原理。智能影像识别技术，通常依赖于深度学习模型，尤其是卷积神经网络（CNN）。CNN 通过多层神经网络对图像进行逐层处理，使计算机能够识别图像中的细节和模式。这些模式不仅仅是视觉特征，还是与文化内涵紧密相关的信息。例如，一张古代壁画的图像不仅能够被识别为"壁画"，还可以进一步分析出其风格、历史背景，甚至反映出图画中的细节元素如何与特定的历史时期、地域、文化产生关联。

此外，智能影像识别技术还可以与其他技术结合，如物联网（IoT）、大数据分析和云计算，形成一个综合的技术体系。这使得影像识别不仅仅局限于单纯的图像分析，还能够进行实时监测、数据存储和全球共享，极大地拓展了其在文化遗产保护中的应用范围。

2. 智能影像识别与文化遗产的结合：数字化保护的先锋

文化遗产的保护，一直以来都是世界各国文化领域的重中之重。然而，随着时间的推移，许多文化遗产面临着不可逆的损坏风险，尤其是由于自然灾害、气候变化、人为破坏等因素，许多珍贵的文物、建筑、艺术作品正在面临消失的危险。在这种背景下，智能影像识别技术成为数字化保护的先锋，给传统的保护手段带来了全新的视角。

智能影像识别技术能够高效地进行文化遗产的数字化建模。通过扫描和摄影等手段，遗产的每个细节都能被准确捕捉。无论是雕塑上的细微纹理，还是壁画中的色彩变化，智能影像识别技术都能够做到"精准还原"。例如，近年来，多个世界文化遗产地如埃及的金字塔、法国的巴黎圣母院等，都通过智能影像识别技术进行高精度的三维建模。这些数字化模型不仅能够帮助学者们进行进一步的研究，还为未来的修复工作提供了科学依据。

智能影像识别技术还能大大提高文化遗产保护工作的效率。传统的保护手段，如手工修复、逐一记录等，不仅费时费力，而且容易因为人为因素导致不必要的损伤。而智能影像识别通过自动化处理，它可以在短时间内完成大量数据的收集与分析。例如，扫描一件古董时，识别系统能够同时提取出其表面裂纹、腐蚀痕迹、色彩变化等信息，这些数据可用于评估文物的现状及未来可能的损坏趋势，从而为保护措施的制定提供参考。

智能影像识别技术还能够通过大数据分析进行文物损坏的趋势预测。基于历史数据和实时监测的结合，计算机系统能够在发生损坏之前，给出精准的预警提示。这种技术的应用，能够有效地避免许多无法挽回的损失。

3. 智能影像识别与文化遗产的传播：数字化是跨越时空的桥梁

文化遗产的保护固然重要，但如何将这些保护的成果传播到全球，尤其是如何让不同文化背景的受众理解和欣赏，是另一个不容忽视的课题。智能影像识别技术为文化遗产的全球传播开辟了新的道路。通过数字化的方式，文化遗产的传播不再局限于地理位置、时间等因素，而是实现了真正的跨越时空的传播。

数字化传播的第一个优势，就是打破了物理空间的限制。以前，只有到达文化遗产所在地的游客才能亲眼见证这些珍贵的文物和艺术作品。而如今，借助智能影像识别技术，世界各地的任何人都可以通过互联网随时随地观看到这些遗产的高清图像和三维模型。比如，利用虚拟现实技术，观众可以通过佩戴 VR 设备，身临其境地参观博物馆，感受古代艺术品的独特魅力。这种身临其境的感受，远超传统的平面图像或文字描述，能够更好地传达文化遗产的美学价值和历史意义。

智能影像识别技术能够促进文化遗产的跨文化理解。不同文化背景的人们往往因为语言和历史的差异，难以真正理解和欣赏其他文化的艺术和价值。而通过图像识别技术，文化遗产的内涵可以以图像、视频、三维模型等多元化形式呈现。这种呈现方式能够避免语言障碍，让更多的人通过视觉和感官上的直接接触，更加直观地理解和欣赏文化遗产。例如，在展示中国古代书法艺术时，智能影像识别技术不仅可以呈现书法的文字内容，还能够揭示书法的笔法、气韵、历史背景等深层次信息，帮助不同文化背景的观众更好地理解书法背后的哲学思想和文化精神。

4. 智能影像识别的伦理与挑战：文化遗产的尊重与创新

尽管智能影像识别技术为文化遗产的保护与传播带来了巨大的便利，但在技术的使用过程中，仍然存在着一些伦理和挑战问题。

首先是文化遗产的数字化过程中，如何确保文化的真实性和独立性。数字化保存的文化遗产，虽然可以进行高度还原，但在某种程度上，这些数字化的模型并不能完全代表其原貌。我们不得不承认，数字化保存的文化遗产，始终带有一定的人工加工成分。在这一过程中，如何在技术创新与传统文化之间找到一个平衡点，避免过度还原、过度美化或误读，是值得深思的问题。

其次是数据隐私与安全性问题。随着大数据、云计算等技术的快速发展，越来越多的文化遗产数据被存储在云端，如何确保这些数据的安全性，防止恶意篡改或泄露，成为一个亟待解决的问题。尤其是在涉及国家文化资产的情况下，文化遗产数据的安全性需要得到足够的重视。如何确保数据的安全性，并在全球范围内合理共享，是技术发展的另一大挑战。

总的来说，智能影像识别技术为文化遗产的保护和传播提供了前所未有的机遇与挑战。它不仅让文化遗产的数字化保存成为可能，更为全球传播提供了全新的手段。与此同时，我们也必须认识到，这项技术在应用过程中可能带来的伦理问题和技术挑战。如何在创新与尊重之间找到平衡，如何在保障安全的前提下进行合理共享，将是未来发展中的重要课题。而随着技术的不断进步和社会的日益开放，相信智能影像识别技术将在文化遗产的保护和全球传播中发挥越来越重要的作用，推动中华优秀传统文化的跨国传播与再创造。

3.2.3　文化遗产的虚拟展示与国际传播

文化遗产，尤其是中华文化的瑰宝，早已不再是单纯属于某一地区的历史物件，它们跨越时间和空间，承载着一个文明的智慧和情感。我们常说，"文化遗产是我们与历史对话的桥梁"。然而，在信息化、全球化的今天，如何让这些宝贵的文化遗产突破地域和语言的限制，走向世界，成为当代社会的一部分？答案显然是——通过虚拟展示。特别是借助人工智能（AI）等先进技术，这一传统的文化传播形式迎来了全新的发展机遇。

1. 数字化与虚拟现实技术的结合：文化遗产的"复生"

首先，我们需要理解数字化与虚拟现实（VR）、增强现实（AR）等技术在文化遗产展示中的角色。数字化是指将传统的文化遗产转化为数字形式，它不仅保留了文化遗产的物理形态，还可以创造更多互动性和沉浸感。而虚拟现实技术，则是通过计算机模拟和图形渲染，创造出一个虚拟的、可以自由交互的世界。这两者结合后，就能够打破现实世界的物理限制，使得世界任何地方的人都能"亲身"感受中华文化的独特魅力。

以故宫博物院为例，这座中国历史最为悠久且文化积淀深厚的博物馆，早已通过数字化技术向世界展示了其无与伦比的文物收藏。更为精彩的是，借助 VR 技术，故宫不仅仅将文物展示出来，还让观众可以身临其境地"走进"古代的宫殿、体验历史的氛围。这种全新的虚拟参观体验，让每个访问者都能更加深刻地理解中国几千年的文化历史。

然而，虚拟展示不仅仅是为了提供一种身临其境的感官体验，它还有更深层的文化意义。在全球化的背景下，各种文化交织碰撞，文化的"代表性"和"独特性"显得尤为重要。通过虚拟技术，中华文化的精髓不再局限于文字与物理空间，它被赋予了更高的传播价值和文化影响力。

2. 文化遗产的虚拟展示：不再是"传统"的展示

传统的文化展示往往依赖于静态的展品和解释性文字，而这些往往受到观众理解和接受的局限性。我们可以试想一下，一个博物馆的游客，面前是几百年历史的瓷器或书画，展品上可能配有文字说明，但观众的理解和情感体验常常停留在表层。如何让这些文化瑰宝"活"起来？AI 的介入提供了一个全新的视角。

例如，通过图像识别技术和机器学习，AI 可以对文物进行高精度的数字化重建和修复。以往那些破损的艺术品或已消失的文化遗物，可以通过 AI 技术进行复原，甚至可以模拟其原本的"动态"。这些技术使得文化遗产展示不再是单一的物理展示，而变成了一种全方位、多层次的沉浸式体验。

更进一步，AI 可以根据观众的兴趣和需求，实时推送定制化的文化内容。想要了解更多的历史背景？AI 会根据你的偏好推荐相应的历史解读和视频资料；对某一件文物感兴趣？AI 可以提供这件文物的详细背景资料和多维度的分析，让观众更加深入地理解它的历史与价值。

3. 从"本土"到"全球"：文化遗产的跨文化传播

我们所谈论的虚拟展示，不仅仅是为了方便国内的观众，更多的是面向国际社会。中华文化，作为世界四大古文明之一，具有极其丰富的历史和文化底蕴。然而，长期以来，语言、地域、社会认知等多重障碍使得许多国际观众对于中华文化的理解相对局限。而虚拟展示的出现，恰恰为这种文化"跨越壁垒"提供了可能。

以"一带一路"倡议为背景，文化交流已成为当今国际关系的重要组成部分。中国通过虚拟现实技术，能够将如敦煌莫高窟等极具文化象征意义的遗址，精准地还原给全世界观众。借助 AI 技术，莫高窟的壁画和雕塑不仅能被复原，而且可以通过三维扫描进行虚拟参观。在这种形式下，全球任何一个地方的观众都可以通过互联网，享受与传统博物馆完全不同的参观体验。

这种虚拟体验的独特性在于，它突破了语言和地域的障碍。比如，通过实时翻译和多语言支持，全球观众无论讲什么语言，都能够享受无差别的文化传播体验。而且，AI 系统能够根据观众的需求调整内容和展示方式，使其不仅是对文化的展示，更是一次个性化的深度体验。

4. 打破"文化传递的静止性"：文化与技术的互动

虚拟展示，不仅仅是一个"看得见"的文化传播手段，它还改变了传统文化传播中的"静态"现象。过去，我们对文化遗产的理解往往依赖于展示者的"解读"，而观众的角色多是接受者。而 AI 技术的引入，则使得文化遗产的传播进入了一个动态的"互动"时代。

这种互动，首先体现在文化传播的方式上。在传统的文化展览中，参观者往往只是简单地观看静态的展品，文化的"活力"相对受限。而现在，通过虚拟展示和互动性强的数字平台，参观者不仅仅是在观看，他们与文化作品发生了互动。这种互动不仅是物理上的，也可以是情感上的。想象一下，当你身处古代宫廷的虚拟环境中时，你可以通过 AI 系统与历史人物"对话"，询问他们生活的细节和文化的背景。这种互动体验不仅让文化遗产更具"生命"，而且也让观众在深度参与中获得了更多的文化认同和情感共鸣。

其次，AI 能够在全球范围内进行数据共享和交互，使得不同文化间的对话和理解不再局限于少数文化精英之间。通过虚拟展示，世界各地的文化遗产和艺术形式得以更好地交融和交流，这种跨文化的互动无疑加深了文化之间的理解与尊重。

5. 持续创新与未来展望：文化遗产的"智能"传承

展望未来，虚拟展示与 AI 技术的结合必将越来越紧密。当前，很多技术仍在不断完善，未来的发展潜力是不可估量的。以 AI 为基础的虚拟展示不仅会让文化遗产的展示更为精准，还会通过不断的数据积累与智能分析，使得文化遗产的传播更具"智能化"特征。

例如，通过深度学习与大数据分析，AI 可以在短时间内根据大量观众的互动数据，推测出观众对不同文化遗产的兴趣点和关注方向，从而实现个性化的内容推送。这种智能化的展示方式，能够让观众获得更加精准的文化体验。

与此同时，虚拟展示与人工智能结合，也让我们看到了文化遗产未来的"再创造"潜力。例如，通过 AI 的艺术创作能力，传统文化不再仅仅是"复制"过去，它可以在保留传统精髓的基础上，通过智能化手段进行创新与再创造，为文化传承注入新的生命力。

6. 跨越时空的文化桥梁

当我们站在科技发展的前沿回望中华文化的深厚底蕴时，我们不禁感叹，历史赋予我们的不仅仅是过往的辉煌，还有面向未来的无限可能。借助虚拟展示与 AI 技术，中华文化不再是局限于某一地区的静态物品，它在全球化的背景下，重新获得了生命的力量。这种力量不仅体现在技术层面的创新，更在于文化层面的传承和发展。文化遗产的虚拟展示，已不仅仅是一次技术的应用，更是一次文化传递的革命。

3.2.4　AI 艺术创作与中华艺术创新发展

人工智能在文化艺术领域的应用，尤其是在传统艺术创作与现代创意的结合上，正呈现出前所未有的潜力。对于中华传统艺术而言，人工智能不仅是一个技术工具，更是一个创新的催化剂，它打破了时间与空间的界限，赋予了艺术创作与表达全新的维度。在这一背景下，中华艺术的创新发展变得更加复杂和富有活力，它不仅承载着千年文化的精髓，也在寻求通过现代科技实现更广泛、更深远的传播。

当我们谈到人工智能与中华艺术的结合时，首要的一个问题是：传统艺术能否被机器理解？能否在不失去其文化核心的情况下，通过人工智能进行再创造？这一问题的背后，是对艺术本质的深刻思考，也是对技术的哲学性提问。

在过去的几十年里，艺术的定义发生了根本性的变化。艺术不再仅仅是以手工为基础的创作，而是在多种媒介和技术手段的辅助下，形成了更为复杂的表现形式。人工智能的加入，无疑为艺术创作带来了全新的可能性。从最初的算法生成艺术作品到如今的深度学习和生成对抗网络（GANs）创作，AI 在视觉艺术中的表现越来越引人注目。

1. 生成艺术：机器与创意的对话

生成艺术作为人工智能与艺术结合的最直观形式，正逐步走入人们的视野。这一过程不仅仅是计算机程序根据预设的规则"创造"作品，它更像是一场机器与创作者之间的对话。AI 通过大数据分析、模式识别和自我学习，能够生成极具创意的作品，甚至在某些方面超越了传统艺术家的想象力。这种"超越"并非对人类艺术家的取代，而是为创作提供了一种新的合作方式。

在中国传统艺术中，书法、绘画、雕刻等各个领域都拥有深厚的历史根基。如何在这些领域实现人工智能的创新与突破？最简单的方式是通过数据训练，让 AI "学习"大量经典艺术作品的风格、技巧和结构。然而，单纯的"模仿"显然无法满足时代对创新艺术的要求。AI 是否能创造出具有原创性的作品？它是否能够在理解传统艺术的精髓的同时，注入现代的、个性化的创意？

答案是肯定的。随着 AI 技术的发展，尤其是生成对抗网络（GANs）和深度学习算法的进步，AI 不再仅仅模仿已有的艺术形式，而是可以通过自我生成新形态的艺术作品。这些作品虽然是由计算机生成的，但它们往往能够展现出与传统艺术不同的视觉效果，甚至在某些方面达到超越常规艺术创作的层次。例如，通过深度学习，AI 可以在不断学习传统书法的基础上，创造出符合当代审美的"现代书法"，这种书法虽然依然保持着传统的笔法、结构与形式，却也具备了当代艺术的个性和视觉冲击力。

2. 数字技术与传统艺术的深度融合

传统艺术的数字化转型无疑是人工智能赋能中华文化的核心议题之一。数字化不仅仅是将传统艺术作品以数字形式保存和传播，更重要的是它在艺术创作过程中的参与。人工智能作为数字化技术的一部分，可以使传统艺术的创作方式发生质的变化。在这一过程中，传统技艺与现代科技并行不悖，彼此碰撞出新的火花。

以中国画为例，传统中国画注重笔墨、意境和构图，每一幅作品都是画家情感与技艺的完美展现。然而，中国画的创作过程是漫长且复杂的，除了技法的积累，创作者对自然、人生、哲学等方面的理解也极大地影响着作品的深度和精神内涵。通过人工智能技术的应用，可以让机器在模拟传统技法的同时，也能在有限的框架内进行创新。例如，AI 可以通过数据分析和模式识别，预测出画作可能的构图方式，并在此基础上创造出全新的视觉体验。

这种变化不仅仅是对艺术表现形式的创新，它还涉及艺术创作背后的哲学思考。AI 创作的艺术作品，往往能够突破人类艺术家思维的局限，呈现出超越传统形式的创意。更重要的是，AI 创作的艺术作品也提供了一个反思传统艺术与现代艺术关系的契机。在这一过程中，我们可以重新审视艺术创作中的"人性"与"机器性"之间的界限，思考艺术本身的价值和意义。

3. 智能艺术的跨文化传播潜力

对于中华艺术来说，如何在全球化背景下获得更多的关注与认同，是一个长期存在的问题。随着人工智能的不断发展，传统艺术的国际化传播有了全新的可能性。AI 不仅可以帮助传统艺术进行数字化保存，还能在全球范围内促进艺术作品的跨文化交流。

举个例子，通过自然语言处理技术，AI 可以帮助中华艺术作品进行多语言翻译和文化适配，使其能够突破语言和文化的障碍，进入全球艺术市场。同时，AI 还可以通过图像识别和数据分析技术，帮助全球观众更好地理解中国艺术的深层含义。它不仅仅是一个翻译工具，更是一个文化中介，可以帮助不同文化背景的人们欣赏和理解中华艺术的魅力。

此外，AI 在艺术创作中的参与，还能促进跨文化的艺术融合。通过 AI，中华艺术可以与其他文化艺术形式进行更为深度的交流与合作。例如，中国画与西方抽象艺术的结合，通过 AI 技术的辅助，能够创造出全新的艺术风格。AI 在其中不仅是技术工具，它更是艺术创作中的"桥梁"，能够让不同文化之间的艺术精华相互碰撞、融合，进而创造出具有全球吸引力的艺术作品。

4. 文化传承与艺术创新：机器的"创造力"与人类的"情感"

人工智能与艺术的结合，无疑引发了一个重要的哲学性问题：机器能够创造艺术吗？如果 AI 可以创造出与人类相媲美的艺术作品，它的"创造力"与人类艺术家的"创造力"是否存在本质的区别？艺术本身，是一种技术技巧的表达，还是人类情感的传递？这一问题的讨论，实际上是关于人工智能在艺术创作中的本质地位的探讨。

AI 在艺术创作中的"创新性"是可以被衡量的。通过对大量艺术作品的学习，AI 能够不断提高自己的艺术创作水平，并在这个过程中发现一些新颖的艺术表现方式。然而，尽管 AI 的创作能够展现出惊人的技巧与创意，它仍然缺乏人类艺术家所具备的深层情感和文化背景。正因为如此，人工智能所创作的艺术作品往往缺少"灵魂"，它们虽然能够满足形式上的需求，却难以触动人类最深处的情感共鸣。

这并不意味着人工智能无法为艺术带来创新，它只是将艺术创作的"外部技巧"与"内部情感"分开。AI 可以为艺术创作提供更多的灵感与创意，但它无法完全代替人类艺术家的情感体验与文化传承。在未来的艺术创作中，人工智能与人类艺术家的合作，可能会成为一个常态。人工智能可以提供创作的技术手段，帮助艺术家突破思维的局限，而艺术家则可以通过自身的情感和文化积淀，赋予作品深刻的内涵和精神力量。

人工智能对中华传统艺术的创新与传承，远远超出了我们对技术应用的预期。它不仅为传统艺术提供了数字化转型的路径，也为艺术创作注入了新的动力。人工智能与中华艺术的结合，不是对传统艺术的取代，而是对其创作形式的扩展与丰富。在未来，随着技术的不断进步，人工智能将在推动中华艺术走向全球的过程中扮演更加重要的角色，它将是文化传承与创新的助推器，也将是跨文化艺术交流的桥梁。

3.3 人工智能与文化体验的创新

3.3.1 虚拟现实（VR）与增强现实（AR）在文化体验中的应用

随着科技的飞速发展，虚拟现实（VR）和增强现实（AR）技术已经从科幻小说中的想象，逐步成为现实世界中文化传播与体验的重要工具。尤其在中华文化的全球传播中，VR 和 AR 技术作为文化传播的新型载体，提供了更具沉浸感和互动性的体验方式，为全球观众打开了全新的文化感知通道。这两项技术不仅突破了传统传播方式的时空限制，也为中华文化在跨文化交流中的传播提供了前所未有的契机。

虚拟现实和增强现实技术，尽管在形式和应用上有所不同，但它们都能通过创造高度沉浸的互动体验，使用户能够在数字环境中"身临其境"，感知文化艺术作品的内涵和美学价值。与传统的二维图像或文字传播方式不同，VR 和 AR 技术能够在视觉、听觉甚至触觉上增强用户的感官体验，打破了传统文化传播的局限。

1. 虚拟现实（VR）：全面沉浸式的文化体验

虚拟现实（VR）是一种通过计算机生成的三维环境，用户通过佩戴头盔或其他设备，能够身临其境地感知和互动。这项技术能够模拟真实世界中的场景、物体和事件，并通过交互技术让用户参与其中。在文化传播领域，VR 技术不仅为传统文化艺术的呈现提供了新媒介，也为文化的传播和学习开辟了新的路径。

对于中华传统文化的传播来说，VR 技术提供了一种创新的表达方式。传统文化的传播不再局限于展览馆的图片、文字描述或视频展示，观众可以通过 VR 技术进入到一个虚拟的文化世界，亲身体验其中的艺术与文化精髓。例如，通过 VR 技术，观众可以在虚拟的故宫博物院中"漫游"，亲自走访那些古老的宫殿，探索珍贵的文物和历史遗迹，不仅限于在屏幕前观看静态的图片，而是通过沉浸式的体验感知文化的历史背景和深刻内涵。

在书法、绘画、音乐等艺术形式的展现上，VR 技术能够为观众提供极为真实的感官体验。以中国书法为例，传统的书法艺术创作过程通常需要细腻的观察与技法的展示。而通过 VR 技术，观众不仅能看到笔墨之间的细腻变化，还能够通过互动形式参与其中，甚至模拟书法的创作过程，体验"临摹"大师之作，感知艺术创作的内在规律。这种沉浸式的体验使得文化艺术不再是距离观众遥远的"摆设"，而是可以亲自参与、探索和感悟的生动体验。

此外，VR 技术还能够帮助用户在不同的历史背景中"穿越"时空，体验中华文明的演变和发展。例如，通过虚拟重建技术，VR 技术能够呈现出古代长安城的繁华景象，观众可以通过虚拟的方式"走进"唐代的街头，感受那个时代的社会风貌、民俗习惯与文化精神。通过这种方式，文化的学习和传播变得更加生动、有趣、富有互动性，不仅仅停留在书本或展览的展示上，更深刻地进入到观众的心灵深处。

2. 增强现实（AR）：现实世界中的文化附加

与虚拟现实不同，增强现实（AR）通过将虚拟元素叠加在现实世界之上，让观众能够在真实的环境中与虚拟的数字信息互动。AR 技术的核心在于将数字信息与现实世界进行无缝结合，通常是通过智能手机、AR 眼镜等设备实现。在文化传播中，AR 能够增强用户对现实环境的感知，并通过对现实世界的虚拟化和重塑，提升文化体验的深度和参与感。

在中华文化的传播中，AR 技术同样展现出了巨大的潜力。通过 AR 技术，传统文化的展示不再仅仅是静态的文字、图像或音视频展示，虚拟世界中的数字元素能够与现实世界中的文化遗产互动，使观众在接触到实物的同时，能够获得更多层次的信息和更丰富的文化体验。例如，在传统的文物展览中，通过 AR 技术，观众可以通过手机扫描某件文物，获取关于该文物的详细历史背景、工艺特征甚至是当时的社会文化环境等信息。这种互动式的体验大大增强了观众的文化理解和情感投入。

AR 技术的应用不仅局限于博物馆、展览馆等文化展示场所，还能够延伸到城市空间和公共场所。例如，通过 AR 技术，游客在游览长城时，可以通过手机屏幕看到长城的虚拟建造过程，了解其历史背景和文化意义；或者在参观传统园林时，观众通过 AR 眼镜看到古代文人墨客在园中写作、对弈的场景，感受那个时代的文化氛围。通过这种"文化增强"的方式，AR 技术为观众提供了对历史的再体验，使得文化不仅停留在文字和图片的传递层面，而是通过对现实环境的增强，展现了更为立体和生动的文化场景。

此外，AR 技术还可以用于传统艺术的教育与传播中。例如，通过

AR 技术，学习者在进行书法、绘画或音乐等传统艺术的学习时，能够看到自己作品的即时反馈，并获得专业的技巧指导。以书法教学为例，AR 技术可以通过智能设备实时反馈学习者的笔画，帮助他们纠正错误，并且根据书法作品的虚拟呈现提供个性化的教学建议。通过这种"增强"的教学体验，学习者不仅能够提高技能，还能够更加深刻地理解艺术创作的技巧与精神。

3. 打破文化传播的时间与空间界限

无论是虚拟现实（VR）还是增强现实（AR），它们都具有打破文化传播的时间与空间界限的潜力。在传统文化的全球传播过程中，时间和空间的限制一直是一个无法忽视的瓶颈。通过 VR 和 AR 技术，文化传播不再受限于传统的物理空间，观众可以在任何地方、任何时间，通过技术手段参与文化的学习和传播。这种传播方式具有极强的灵活性和便捷性，能够让更多的人接触到中华文化，体验中华文明的博大精深。

例如，在中华文化的全球传播中，如何使世界各地的观众都能方便地接触到中国的传统艺术、历史遗迹等文化遗产，是一个值得关注的问题。通过 VR 技术，来自不同国家和地区的人们可以通过互联网连接，随时随地地参观故宫博物院、长城、敦煌莫高窟等文化遗产，甚至不需要离开家门。这种虚拟参观不仅解决了传统文化传播中的空间障碍，也为全球观众提供了极为便捷的文化接触方式。

随着技术的进步，VR 和 AR 技术的设备成本逐步降低，普及速度越来越快，未来这些技术有可能成为文化传播的重要组成部分，帮助中华文化在全球范围内获得更广泛的传播。例如，未来的博物馆和文化展示馆将不仅仅是展示实物的场所，它们将与虚拟世界无缝对接，观众不仅能参观到实物，还能通过 VR 和 AR 技术进一步感知和互动。

4. 智能化技术与文化传播的未来

随着 VR 和 AR 技术的不断发展和完善，它们在中华文化的全球传播中无疑将发挥越来越重要的作用。通过这些先进的技术，中华文化的传播不再局限于单向的知识传递，而是变得更加互动、沉浸和多元。这为文化的跨国传播、跨文化理解提供了新的解决方案，也为世界各地的观众提供了更加丰富和多维的文化体验。在未来，随着技术和创意的进一步融合，VR 和 AR 技术将成为中华文化传播的新风口，并在全球文化交流中扮演重要角色。

3.3.2 智能交互技术带来的沉浸式文化体验

随着人工智能和数字技术的迅猛发展，智能交互技术已经成为文化传播中不可忽视的力量。这些技术不仅仅使文化的表达方式变得更加生动、互动，更重要的是，它们赋予了观众全新的参与感与沉浸感。尤其在中华文化的全球传播中，智能交互技术通过丰富的互动体验，打破了传统文化传播的单向性，让文化的传递从"被动接收"转变为"主动参与"，为文化的普及与传播开辟了全新的路径。

智能交互技术的应用，不仅仅体现在展览和演出中，它更是通过虚拟和现实环境的融合，让观众的文化体验从视觉、听觉、触觉等多个感官维度进入一个全新的层次。这些技术不仅能够带来更加直观的感官享受，更能提升观众对文化的理解与情感共鸣。特别是在中华文化的全球传播中，智能交互技术提供了一个突破文化壁垒、促进跨文化理解的平台，使得中华文化能够以更加生动、多元的方式传递给世界。

1. 人机互动：文化体验的全新维度

传统的文化传播方式通常是单向的，观众通过书籍、影片或展览了解文化，这种传播方式容易让文化显得过于抽象或过于静态。而智能交互技术的最大特点就在于它突破了这一传统的传播模式，让文化不仅仅停留在展示上，更让观众能够与文化内容进行"对话"，通过自己的互动去感知、体验和解读文化。无论是人工智能驱动的虚拟助手，还是通过自然语言处理技术实现的语音互动，智能交互技术使得中华文化的传播从"观看"发展为"参与"。

举例来说，中华传统戏剧中的人物和情节通过数字化手段呈现给观众，而观众可以通过语音或手势等方式与戏剧中的角色互动，影响故事的发展。无论是京剧、昆曲，还是传统故事的演绎，智能交互技术都使得传统艺术形式焕发了新的生命力。在这些互动过程中，观众不再是一个冷静的旁观者，而是成为故事的参与者、创作者，甚至是决策者。

另外，人工智能驱动的虚拟人物与观众的互动也让文化体验更加个性化与人性化。例如，通过深度学习技术，虚拟人物可以根据观众的行为、言语、情感反应，做出不同的反馈。这样一来，观众不仅仅是接收文化信息，而是在互动中不断塑造自己的文化体验，这种"共创"感使得文化传播不仅具备了多样性，也极大地提升了观众的参与感与沉浸感。

2. 跨文化互动与智能化体验

智能交互技术在跨文化传播中的作用尤为显著。在全球化背景下，不同文化之间的差异往往成为文化传播的障碍。语言不通、习惯不同、历史背景差异等因素都可能影响文化的准确传达。而智能交互技术的出现，为打破这种文化壁垒提供了新的途径。例如，基于自然语言处理（NLP）技术的自动翻译系统，可以即时将中华文化的内容转化为多种语言，避免了翻译过程中的误解和歧义。同时，智能交互系统能够根据观众的语言、文化背景以及情感反应，调整内容的呈现方式，使其更加符合观众的认知模式与情感需求。

更为重要的是，智能交互技术能够根据不同文化背景的观众提供定制化文化体验，使得中华文化在全球化传播中更加具有包容性。例如，在通过 VR 技术展示中国古代园林或传统文化时，智能交互技术能够根据观众的兴趣与反馈，主动调整展览的重点和风格，提供个性化的文化体验。无论观众来自哪种文化背景，智能交互技术都能够通过灵活的方式帮助他们理解和欣赏中华文化的精髓。

这种跨文化的智能互动，体现了文化传播的全球化趋势，打破了语言、地域、时空的界限，使得不同文化背景的观众能够在同一个文化场景中找到共鸣，从而促进了全球文化的交流与融合。中华文化通过智能交互技术与世界其他文化的互动，展示了其包容性与创新性，也为文化传播提供了更加广阔的空间。

3. 沉浸式体验：文化触动的深度互动

智能交互技术最具革命性的一点，便是其赋予了文化传播"沉浸式"的体验。在传统的文化传播方式中，文化的接收往往是被动的，观众在观看一场演出、参观一个展览时，文化往往以一种外在的形式呈现给他们。与此不同，智能交互技术通过将虚拟与现实融合，让观众能够进入一个完全互动的文化世界，成为文化的一部分，甚至影响文化的发展。

举例来说，AR 技术的应用能够让传统的文化遗产焕发新生。在参观故宫博物院时，观众通过 AR 眼镜，可以看到虚拟的历史人物走动在宫殿中，感受到那个时代的社会氛围；通过手势操作，观众还可以与这些虚拟角色进行互动，了解他们的历史背景和文化意义。这种沉浸式的文化体验，打破了物理空间的局限，使得观众不仅能够欣赏历史遗产的美，更能通过与虚拟文化元素的互动深入了解历史背后的故事和意义。

在中华传统艺术如书法、京剧等方面，智能交互技术也能为观众提供更具沉浸感的体验。通过 AI 技术，观众可以模拟与名家对书，或者在京剧舞台上与虚拟演员共同演出。通过这种深度的互动，文化不再是抽象的概念，而是变成了可以触摸、可以感知、可以参与的实际存在。这种互动式的沉浸体验，激发了观众对文化的兴趣和情感共鸣，增强了文化传播的影响力。

4. 多维度互动：跨界融合与文化再创作

智能交互技术的另一大优势是其多维度的互动性，这使得文化传播不仅仅局限于单一的艺术形式，而是能通过多种途径展开。通过结合人工智能、虚拟现实、增强现实、机器学习等技术，观众能够在多个层面与文化进行互动，甚至进行文化的再创作。

例如，在进行文化创意活动时，智能交互技术能够根据观众的兴趣，提供个性化的创作空间。在数字艺术作品的展览中，观众不仅能够欣赏艺术家的创作，还能够通过智能设备参与作品的创作过程。观众可以选择不同的元素与艺术家共同创作一幅画，或者根据个人的情感体验修改作品中的色彩、形态等因素，进而形成具有个人特色的文化艺术作品。这样，文化传播不再是单纯的信息传递，而是进入了一个多维度的创作空间，观众不仅是文化的接受者，更是文化的创造者和传播者。

这种跨界融合的互动，不仅丰富了观众的文化体验，也激发了他们的创新潜力，使得文化传播在艺术创作和技术应用上产生了更多的可能性。中华文化通过这种再创作的方式，不仅能够保持其传统的精髓，还能够在全球范围内吸引更多人参与到文化的创新和发展中来。

智能交互技术的不断发展将使文化传播更加丰富多彩。随着人工智能技术、机器学习、虚拟现实、增强现实等技术的不断进步，文化的传播不再是单向的、平面的，而是成为一个充满互动、参与和创意的多维空间。中华文化将能够通过这些技术，创造出更加具有沉浸感、互动性和创新性的全球传播模式。

智能交互技术不仅赋予了中华文化更广泛的传播渠道，也使得文化的传承和创新焕发了新的生机。通过这些技术，中华文化将在全球化的文化交流中占据重要地位，为世界各地的观众提供全新的文化体验，也为文化多样性的传播创造了新的可能。

3.3.3　数字化互动体验对传统文化传播的促进

在数字化技术日新月异的今天，文化传播的方式也经历了深刻的变革。传统文化，尤其是中华文化，在全球传播过程中面临着越来越多的挑战。无论是语言的障碍，还是文化背景的差异，都使得传统文化的跨国传播充满困难。然而，随着智能技术的不断进步，数字化互动体验的引入为传统文化的传播提供了前所未有的机遇。数字化互动不仅仅是简单的"展示"或"播放"，它是通过技术的力量，使得文化成为一个生动、可触摸、可互动的存在。这种全新的互动模式打破了传统文化传播的边界，为文化的传承与创新提供了更广阔的空间。

1. 数字化互动体验的核心优势

数字化互动体验最大的优势在于其"互动性"和"沉浸感"。在传统的文化传播方式中，观众通常处于被动接收的状态，接受文化信息的内容和形式是固定的。然而，数字化互动通过多种技术手段（如虚拟现实、增强现实、人工智能等），赋予了观众主动参与的权利，让他们不再仅仅是文化的"旁观者"，而是文化传播的"参与者"和"创造者"。这种互动性极大地提高了观众的参与感和体验感，使得文化的传播不再是单向的信息流动，而是多维度的互动过程。

　　数字化互动体验的另一个核心优势是"沉浸感"。与传统的观展方式不同，数字化互动体验通过虚拟与现实的融合，使观众能够身临其境地参与文化的世界。例如，通过虚拟现实（VR）技术，观众可以穿越时空，走进古代的长安城，亲身感受当时的风土人情；通过增强现实（AR）技术，历史人物和场景能够在现实空间中复现，观众可以与这些虚拟元素互动，感受中华文化的博大精深。沉浸式的体验让文化不仅仅停留在视觉层面，而是通过多感官的激活，使观众深刻感受到文化的魅力。

　　2. 传统文化的"再生"与"创新"

　　数字化互动技术的最大贡献之一是能够让传统文化焕发新的生命力。中华文化有着数千年的历史，传统的文化遗产、艺术形式以及历史故事蕴含着丰富的智慧和美学。然而，随着时代的变化，传统文化在现代社会中往往显得有些"遥远"和"抽象"。在这一背景下，数字化互动技术为传统文化的传播提供了新的契机。

　　通过数字化互动技术，许多传统文化元素得以被"重生"并焕发出新的活力。例如，古老的书法、京剧、戏曲等传统艺术形式，在现代数字技术的加持下，不仅能够被更广泛的观众所了解，还能够在传统的基础上进行创新和演绎。通过虚拟现实技术，书法作品的创作过程可以被实时展示，观众不仅能看到书法家如何挥毫泼墨，更能够通过手势控制或触摸屏进行互动，亲自体验书法的魅力。这种方式使得观众对传统文化的理解不再仅仅停留在"欣赏"层面，而是通过实际参与和体验，真正理解和感知其中的艺术性和哲学思想。

　　3. 数字化互动对文化跨界融合的促进

　　数字化互动技术不仅仅是对单一文化形式的展示，它还促进了不同文化形式的跨界融合。这种融合不仅是文化形式上的结合，更是思想和理念的碰撞。通过数字化互动体验，传统文化与现代技术、艺术、娱乐等多个领域得以交织与融合，创造出前所未有的文化体验。例如，在中国传统戏剧的数字化呈现中，除了保留传统的戏剧形式，还可以加入现代的舞台技术和多媒体元素，呈现出一种全新的艺术效果。这种跨界融合让传统文化不仅能够与当代的审美和技术相结合，更能够与全球不同的文化形态进行互动与融合。

数字化互动体验的跨文化传播也为中华文化的全球传播提供了一个新的视角。不同文化背景的观众通过数字化互动平台能够体验到与自己文化相差甚远的中国传统文化，这种互动体验打破了语言和地域的壁垒，促进了不同文化间的理解与认同。在这种全新的传播模式下，中华文化的传播不再是简单的文化输出，而是通过数字化互动建立了一种多向的文化交流平台，促进了全球范围内的文化多样性。

4. 观众参与与文化自我表达

数字化互动体验的另一个重要特点是它赋予了观众更多的文化自我表达的空间。传统的文化传播通常是文化主体根据既定的框架和方式，将文化内容传递给观众，观众通常只能以"接受者"的身份来面对文化。而在数字化互动的世界里，观众可以通过互动的方式表达自己的文化理解和情感。例如，在数字艺术平台上，观众可以选择自己感兴趣的元素，重新组合、修改、创作，甚至成为文化内容的共同创作者。通过这种互动式的参与，观众不再是一个被动的接受者，而是变成了文化传播过程中的"主动发声者"和"创造者"。

这种参与感和创造感极大地增强了文化体验的深度和广度。观众不再是局限于"观看"或"倾听"某一文化故事，而是能够通过自己的方式去塑造和表达文化。这种文化自我表达的模式使得传统文化的传播更具包容性和多样性，因为不同背景、不同兴趣、不同认知水平的观众都能够找到自己的文化表达方式，从而促进了文化的普及与传播。

5. 数字化互动与文化认同的重构

数字化互动不仅仅改变了文化传播的方式，它也对文化认同的构建产生了深远的影响。在传统的文化传播模式中，文化认同往往是基于静态的文化符号和语言进行构建的，而在数字化互动的模式下，文化认同则通过动态的、互动的方式得到重构。通过数字化互动，观众不仅仅是在接受文化，更是在亲身体验和参与其中，从而在互动的过程中逐步建立起对文化的认同与归属感。

在中华文化的全球传播中，数字化互动技术的引入改变了全球观众对中国文化的认知方式。传统的文化传播往往是从中国输出文化内容，而通过数字化互动，观众不仅仅是被动地接受文化内容，他们能够在互动中去了解、去体验、去重新诠释文化。因此，文化认同不仅仅是在一个固定的、单向的传播过程中建立的，而是在跨文化交流和互动的过程中逐步深化和扩展的。通过这种互动，中华文化能够在全球范围内创造更多的文化认同感，并为世界各地的观众提供更具个人意义的文化体验。

6. 面向未来：数字化互动体验的持续创新

数字化互动体验的未来充满了无限的可能性。随着技术的不断进步，尤其是人工智能、虚拟现实、增强现实、5G通信等技术的成熟，数字化互动体验将在未来发挥更大的作用。未来的互动体验将不仅仅局限于视觉和听觉的互动，触觉、嗅觉、味觉等多感官的互动也将成为可能。通过更加丰富的感官刺激，文化体验将更加全面、沉浸和立体。

数字化互动体验将不再是一个孤立的、局限的技术平台，而是一个更加智能化、个性化和全球化的文化传播系统。观众可以根据自己的兴趣和需求，选择不同的文化内容，体验不同的文化形式，并在全球范围内与其他观众进行互动和交流。这样，数字化互动不仅仅是文化传播的工具，更是文化交流的纽带和平台。

数字化互动体验正在成为传统文化传播中不可或缺的一部分。它通过打破文化传播的局限，丰富了观众的文化体验，使得文化传播变得更加生动、多元、互动和个性化。中华文化通过这一全新的传播模式，不仅能够走向世界，更能够为世界文化的多样性和全球文化的融合作出更大的贡献。

3.3.4 AI技术与观众行为数据分析的融合应用

随着人工智能技术的不断发展和大数据时代的到来，文化传播领域也进入了一个全新的数字化转型阶段。在这个过程中，人工智能不仅仅是作为一种技术工具来帮助文化内容的创作与传播，它还通过对观众行为数据的深度分析，推动了文化传播的精准化、个性化和互动化。通过AI技术对用户行为的分析和预测，文化产品和服务可以更加符合受众的需求和兴趣，从而实现更高效、更精准的文化传播。

1. 观众行为数据分析：新兴的文化传播工具

在传统文化传播中，观众的接受程度、兴趣点以及文化偏好通常难以精准把握，导致文化传播的效果受限。而在数字化时代，尤其是在数字化互动体验的背景下，观众的行为数据成为极其宝贵的资源。观众在互动平台上的每一次点击、每一次浏览、每一次评论甚至每一次停留时间，都会生成大量的行为数据。这些数据反映了观众的兴趣、需求、情感状态以及对文化内容的接受度等重要信息。

AI 技术，尤其是机器学习和深度学习，能够通过对这些行为数据的分析，挖掘出其中的规律与趋势，帮助文化传播者更好地理解观众的需求，调整传播策略，从而优化文化内容的呈现方式。通过行为数据分析，文化产品和服务可以实现真正的个性化定制，根据不同受众的兴趣和文化背景，提供量身定制的文化体验。例如，通过分析观众对某一文化内容的观看时长、互动频率、分享行为等，可以精准预测观众对相关文化内容的喜好，并进一步推送相应的内容，增加观众的参与度和粘性。

2. 文化传播的精准化：从大数据到个性化体验

AI 技术使得文化传播进入了一个"精准化"时代。在传统文化传播的模式中，受众通常被视为一个相对广泛且同质化的群体，传播内容的形式和方法也相对统一。这种"一刀切"的方式，虽然能够覆盖更多的受众，但却难以满足不同个体的文化需求。尤其是在全球化和互联网时代，受众的文化需求变得日益多样化，传统的"广撒网"式传播模式已经难以适应新的传播环境。

AI 技术通过大数据分析，能够从海量的用户行为数据中提取出有价值的信息，帮助文化传播者更加准确地定位受众群体的需求和兴趣点。例如，AI 可以通过分析受众的浏览记录，了解他们对某一传统文化形式（如中国书法、京剧、茶文化等）的兴趣和偏好，并根据这些偏好为他们推送相关内容，从而提高文化传播的效率和效果。通过这种方式，文化传播者可以根据受众的个人兴趣定制内容，实现文化传播的精准化，使得每个受众都能接收到最符合他们需求的文化信息。

这种精准化的传播方式不仅体现在内容的推送上，还可以在传播形式上进行创新。例如，AI 可以分析观众的观看习惯，自动调整文化内容的呈现方式，例如调整视频的播放速度、字幕的展示方式，甚至是背景音乐的选择，以最大程度地提升观众的沉浸感和参与感。此外，AI 还可以通过对观众行为数据的实时监测，动态调整传播策略，使得文化内容能够始终保持高效传播。

3. AI 驱动的文化个性化定制：深入理解文化需求

个性化定制是 AI 在文化传播中的另一个重要应用领域。每个观众都是独一无二的，他们的文化需求和偏好各不相同。在过去，文化传播往往是基于一个标准化的模型，向受众推送相同的内容，忽视了个体之间的差异。而现在，AI 通过对观众行为数据的深度分析，能够识别每个观众的独特兴趣，并根据这些兴趣为他们提供个性化的文化体验。

例如，AI 可以通过分析观众的社交媒体动态、搜索记录和观看历史等数据，推测出他们对某一文化元素的兴趣。如果一个观众经常浏览有关中国古典诗词的内容，AI 便可以推荐更多的相关诗词和文化背景介绍，甚至为其定制一套专门的文化体验，例如提供一段关于唐诗宋词的沉浸式虚拟现实体验。通过这种方式，文化传播不再是单向的信息流动，而是形成了一个双向互动的过程，观众的需求被准确捕捉并得到了及时响应。

此外，个性化定制不仅仅限于内容的推荐，它还体现在文化体验的深度和广度上。AI 能够通过对观众行为的实时反馈，调整文化内容的难度、深度和呈现方式，以确保观众能够在不同的文化背景下找到适合自己的内容。例如，对于那些文化背景较为薄弱的观众，AI 可以推荐一些简单易懂的文化故事或概述，而对于那些对中华文化有一定了解的观众，则可以推荐更具深度的文化解析和专业性内容。通过这种个性化的内容定制，文化传播的效果得到了大幅提升，观众的参与度和满意度也得到了极大增强。

4. 文化内容的智能化生成：从创作到传播

AI 技术不仅仅能帮助文化传播者精准把握受众需求，它还可以参与文化内容的生成和创作过程。通过自然语言处理（NLP）、计算机视觉、音频处理等技术，AI 可以在一定程度上模拟和创作文化内容，为文化传播提供更多样化的选择。

在传统的文化创作中，内容的生产往往依赖于人为的创意和劳动，这种方式虽然能够产生高质量的文化作品，但生产效率较低，且无法满足所有受众的需求。而 AI 技术的引入，尤其是在内容创作的自动化和智能化方面，极大地提升了文化创作的效率和多样性。例如，AI 可以根据受众的需求生成个性化的文化故事、诗词、书法作品，甚至根据观众的情感反馈创作符合其心理需求的文化内容。这种自动化和智能化的内容创作不仅能够提高文化生产的效率，更能够为观众带来更加多元和个性化的文化体验。

通过这种智能化生成的内容，文化传播不再仅仅依赖于单一的文化创作主体，而是通过人工智能的参与，构建出一个更加开放和多元的文化生产体系。观众不仅是内容的接受者，更是文化创作的参与者，他们的需求和情感直接影响着文化内容的创作方向和呈现方式。这种基于观众行为数据的智能化内容创作，充分发挥了大数据和人工智能的优势，为传统文化传播注入了新的活力和创造力。

随着人工智能技术的不断进步和大数据应用的深入，AI 与文化传播的深度融合将越来越紧密。在未来，AI 将不仅仅是文化传播中的工具和技术手段，它将成为文化传播的重要组成部分，推动文化传播进入一个全新的智能化时代。

通过进一步深化对观众行为数据的分析，AI 可以更加精准地预测和满足观众的需求，为他们提供个性化、定制化的文化体验。此外，随着 AI 技术在内容创作、传播策略优化等领域的应用不断拓展，文化传播将不再局限于传统的"传递文化"模式，而是朝着更加互动、智能和个性化的方向发展。在这种智能化、数字化的文化传播新格局下，中华文化的传播不仅能够在全球范围内达到更高的覆盖率和影响力，更能够真正实现文化的全球共享与多元融合。

AI 技术与观众行为数据分析的融合应用，为文化传播带来了深远的变革。从精准化传播到个性化定制，从内容创作到传播策略优化，AI 正在推动传统文化传播的智能化和个性化。通过这种深度融合，中华文化的全球传播将进入一个更加智能、精准、多元的新时代。

第4章

人工智能在中华文化传播中的核心应用领域

第 3 章我们探讨了人工智能在中华文化传播核心领域的部分应用，而在不断发展的科技浪潮中，这一领域的应用仍在持续拓展与深化。本章将继续深入挖掘，进一步探索智能语言技术、智能视觉技术以及文化体验创新方面的新应用、新突破，为我们全面呈现人工智能如何全方位助力中华文化传播，推动其在全球范围内的广泛传播与深度交流。

4.1 智能语言技术与中华文化的全球化

4.1.1 自然语言处理（NLP）与跨语言传播

自然语言处理（NLP）作为人工智能领域的重要技术，为文化传播提供了强大的支持。通过 NLP，文本分析、机器翻译、语音识别和情感分析等功能得以实现，使语言障碍不再成为文化交流的阻碍。对于中华优秀传统文化的全球推广，NLP 技术在跨语言传播中的应用不仅提升了传播效率，还促进了文化内容的精准传达。在这个过程中，NLP 的语义理解、语境调适与文化符号的还原成为核心挑战。

1. 语义理解与语言模糊性的解析

语言的核心在于其丰富的表达能力与模糊性。不同的词语在各自语境中可能呈现出多重含义，这给机器理解带来了困难。NLP 通过构建语义网络与深度学习模型，努力实现对复杂语言的准确解读。例如，在古诗词的翻译中，一些词语因文化背景的不同而难以直接对应。传统的逐字翻译往往忽略了背后的语境与情感，使译文失去原作的神韵。NLP 技术则通过上下文语境的建模与词向量分析，提升了语义捕捉的精准度。

此外，NLP 还能分析语言的深层结构，解决语言表达中的歧义问题。在翻译《论语》这样的经典著作时，系统不仅要识别具体词语的含义，还需要理解作者的哲学思想和文化背景。通过大规模语料库的训练，NLP 能够在多语言转换中更准确地传递思想，并在复杂语义中寻找合适的表达。

2. 语境调适与内容优化

文化传播不仅是语言的转换，更是语境的转换。不同文化背景下的表达方式、社会习俗与情感倾向各异。NLP 在跨语言传播中的应用，需要在内容分发时进行语境调适，以减少文化误读的风险。智能系统通过分析目标受众的文化背景与语言习惯，在翻译和内容生成过程中灵活调整表达方式。例如，在传播中国传统节日时，AI 可以分析目标国家的节庆文化，调整内容呈现的方式，使其更符合当地的习俗与情感偏好。

这种调适能力还体现在跨平台内容的分发中。社交媒体与视频平台的兴起，使得文化内容的传播渠道更加多样化。NLP 系统能够根据不同平台的特性，对文本内容进行优化。例如，在推特上，内容需简洁有力，而在博客或学术平台上，则需要更加严谨的表达。通过这种多层次的语境调适，NLP 使得文化传播更加贴合受众的需求。

3. 文化符号的还原与跨文化理解

语言是文化的载体，语言的翻译与传播实质上是文化符号的再现。中华文化中蕴含着丰富的象征意义与传统价值观，而这些文化符号在跨文化传播中容易遭遇误解。NLP 技术需要在多语言转换中还原这些符号的本义，确保文化内涵的完整性。例如，中国的"礼"不仅是一种行为规范，更是社会价值体系的重要体现。NLP 在翻译此类概念时，需要结合语境提供解释性文本，帮助外国读者理解其深层含义。

AI 系统通过建立文化符号数据库，为语言转换提供了更多的参考依据。这种符号数据库不仅包含词汇和短语，还涵盖了文化事件、历史背景和习俗解释。在与目标文化的互动中，系统能够根据具体语境自动选择合适的文化符号，并提供注释。这种符号还原机制不仅提升了文化传播的精准性，还促进了跨文化的相互理解。

4. NLP 技术的创新应用与跨语言传播的提升

NLP 技术的创新应用，为文化传播注入了新的活力。近年来，智能语音助手、虚拟导览系统和自动生成内容平台等工具，广泛应用于文化传播领域。智能语音助手通过语音识别与合成技术，实现了多语言实时翻译，使用户能够即时获取文化内容。这些应用极大地提升了跨语言传播的便捷性。

虚拟导览系统则通过 NLP 技术，将文本信息转化为语音讲解，为游客提供个性化的文化体验。在博物馆和文化遗址的参观中，游客可以通过语音助手了解展品的历史背景与文化意义。NLP 不仅提升了文化传播的体验感，还使传统文化以更加生动的方式呈现在世界面前。

此外，AI 生成内容（AIGC）技术的发展，为跨语言传播提供了更多的可能性。通过 NLP 模型生成的文化内容，不仅可以实现多语言同步发布，还能根据目标受众的兴趣和需求进行内容定制。这种智能生成的文化内容，使得文化传播更加精准，并提升了用户的参与度。

自然语言处理在跨语言传播中的应用，为中华文化的国际传播带来了重要的支持。通过语义理解、语境调适与文化符号还原，NLP 技术提升了文化内容的翻译质量和传播效果。

4.1.2　经典文学与文化典籍的智能翻译与解读

在全球文化传播与交流的背景下，经典文学与文化典籍的翻译与解读具有重要的历史价值与现实意义。这些作品不仅承载了独特的民族精神与文化传统，还在跨文化互动中促进了不同文明之间的理解与沟通。然而，由于语言和文化语境的差异，这类文本在翻译过程中往往面临着复杂的挑战。随着人工智能技术的快速发展，智能翻译与语义分析工具为经典文学与文化典籍的传播提供了新的可能性。AI 不仅能提高翻译的效率，还能通过语义分析和文本生成实现更加精准的解读。

1. 翻译的语境化与符号系统的调适

经典文学与文化典籍的翻译与解读不仅是语言转换的过程，更是一种符号系统的重构。不同文化体系中的符号与意象具有独特的含义，这些差异可能导致误解或歧义。例如，《论语》中的"仁"在汉语中有丰富的哲学内涵，而单纯的词义替换无法传达出儒家思想的复杂性。人工智能翻译系统通过大规模语料库的学习，能够逐步掌握这些符号背后的文化语境，实现翻译过程中符号系统的动态调适。

AI 在翻译中的语境化能力体现在其对文本上下文的理解上。传统翻译工具往往以单词和短句为单位进行翻译，缺乏整体的语义把握。而基于深度学习的神经网络翻译模型则能够识别句子的上下文关系，生成更加连贯且符合原文精神的译文。这使得经典文学作品在跨语言传播中更加贴近原作的文化内涵。

2. 语义分析与文化典籍的智能解读

文化典籍的价值不仅体现在语言之美上，还包含着丰富的思想与文化符号。解读这些典籍需要深入理解文本的历史背景、哲学思想和社会语境。人工智能技术的应用，为文本解读提供了新的工具。通过自然语言处理（NLP）技术，AI 能够分析文本中的关键词、语义关系及叙事结构，揭示出文本的深层含义。

此外，AI 还能够识别文本中的隐喻、象征和修辞手法，这些元素在文学作品和文化典籍中具有重要的表达功能。传统的解读往往依赖于专家的主观判断，而 AI 则能够通过跨文本分析，发现不同作品之间的相似性与差异性，为研究者提供更加客观的数据支持。这种智能解读的方式，打破了传统文本分析的局限，为文学与文化研究开辟了新的路径。

3. 智能翻译中的数据训练与模型优化

为了实现精准的翻译与解读，智能翻译系统需要进行大规模的数据训练与模型优化。现代 AI 翻译系统使用的模型，如基于 Transformer 架构的神经网络翻译模型，通过海量双语数据的训练不断提高翻译的质量。这些数据不仅包括现代语言的对照，还涵盖了经典文学与文化典籍的双语译本。通过这些数据，AI 模型能够掌握不同语言的句法结构与语义特征，提高翻译的准确性。

模型优化还涉及对特定领域文本的微调。在翻译文化典籍时，AI模型需要针对特定领域的语言特点进行训练，如古汉语中的词汇与语法。通过这种微调，AI系统能够更好地理解和翻译文化典籍中的复杂句式与隐喻。这种针对性的模型优化，使得AI在处理专业性强的文本时更加游刃有余。

4. 语言风格的模仿与文本生成

除了翻译与解读，AI还能够在文化传播中模拟经典文学的语言风格，生成符合特定文体的文本。例如，基于自然语言生成（NLG）技术的AI系统可以模仿《诗经》或唐诗的语言风格，创作新的诗歌。这种模拟不仅展示了AI的语言生成能力，还为文化传播提供了创新的表达方式。通过这种方式，经典文学的精神内涵能够以全新的形式传达给现代读者。

AI生成文本的能力在文化典籍的现代化解读中也得到了应用。面对复杂的文化典籍，AI系统可以生成简明扼要的摘要，为读者提供快速了解文本核心思想的途径。这种文本生成功能，不仅提高了信息的获取效率，还增强了经典文学与文化典籍的传播效果。

5. 跨文化传播中的个性化推荐与用户体验

智能翻译与解读系统不仅提升了翻译的精准度，也改变了文化内容的传播方式。AI通过分析用户的兴趣与阅读习惯，为其推荐符合其文化背景与兴趣的经典文学作品。个性化推荐系统使得读者能够接触到更多符合其兴趣的内容，增强了文化传播的效果。

AI还能够根据用户的阅读反馈，动态调整推荐策略。例如，在推广《红楼梦》等中国经典文学作品时，系统可以根据不同语言地区用户的反馈，优化翻译质量与推荐内容。这种动态调适的能力，使得文化传播更加精准有效。

经典文学与文化典籍的智能翻译与解读，为跨文化传播提供了新的路径。通过符号系统的调适、语义分析与文本生成，AI技术提升了文化传播的精准性与包容性。

4.1.3　AI生成内容在国际文化平台上的应用

随着数字化技术的发展和全球化进程的加速，人工智能生成内容（AIGC）已经成为国际文化平台上推动文化传播的重要工具。AIGC技术利用大规模数据和深度学习模型，实现了文本、图像、音频等多种文化内容的自动生成。通过这一技术，文化传播过程不仅更加高效和多样化，而且增强了不同文化之间的交互性与包容性。人工智能的介入使得中华优秀传统文化能够以全新的方式呈现，为其在全球范围内的传播提供了新的可能。

1. AIGC赋能文化内容生产的多样化

AIGC技术使文化内容的生产变得更加灵活。传统的文化内容生成往往依赖于人工创作，这一过程耗时长且成本高。而AIGC通过深度学习算法，可以模仿特定文化风格，快速生成符合要求的内容。在这一过程中，AI模型通过大规模语料库的训练，能够生成不同形式的文本，如模仿古典诗词的创作、模拟历史人物的对话以及文学作品的延展。这种自动化生成不仅大幅提升了内容生产的效率，还拓宽了文化内容的表达方式。

图像生成技术的进步也为传统文化的数字化呈现提供了支持。例如，AI可以将水墨画、青花瓷等中国传统艺术风格融入数字化艺术创作中。生成的数字艺术作品不仅保留了传统艺术的美学特质，还通过数字媒介的传播扩大了受众群体。这一技术的应用，赋予了传统文化新的表现形式，使其更具现代感和国际吸引力。

2. 个性化生成与用户参与

AI生成内容在国际文化平台上的另一个重要应用是个性化生成。这一技术通过分析用户的行为数据与兴趣偏好，为其提供量身定制的文化内容。例如，在一些在线文化平台上，AI算法根据用户的浏览记录和互动行为，生成符合其兴趣的内容推荐。这种个性化的内容生成机制，不仅提升了用户的参与感，还促进了文化内容的多样化传播。

此外，AIGC还支持用户的深度参与。通过开放式平台，用户可以利用AI技术生成属于自己的文化作品。例如，一些平台提供了AI辅助创作的工具，使用户能够在AI的协助下完成诗词、书法或绘画的创作。这种参与式的文化生产，不仅提升了用户的体验感，还推动了文化内容的共创与共享。

3. 跨文化传播中的智能生成策略

在国际文化传播中，AIGC 技术展现了强大的适应能力。由于文化背景和语言体系的差异，跨文化传播过程中容易出现误读和文化冲突。AI 生成内容通过语言处理和文化语境分析，有效减少了这种风险。借助多语言模型，AI 可以将中国经典文学作品翻译成多国语言，并根据目标受众的文化习惯进行内容调适。这种智能生成策略，提高了跨文化传播的准确性与包容性。

符号系统的匹配也是 AIGC 在跨文化传播中的重要功能。AI 技术可以识别不同文化中常见的符号与隐喻，并在内容生成时进行适应性转换。例如，当推广中国文化中的龙图腾时，AI 可以根据不同文化圈的接受度，调整内容的叙述方式，避免符号误解。这种智能化的生成和调适机制，使中华文化在全球传播中更加顺畅。

4. AIGC 在媒体与文娱产业中的应用

AI 生成内容的广泛应用，不仅推动了文化创意产业的发展，也为传统媒体和文娱产业带来了新的活力。在国际媒体平台上，AIGC 技术被用于新闻内容的自动撰写和新闻标题的生成。这些 AI 生成的内容速度快、精准度高，为文化传播提供了更多机会。在短视频和社交媒体平台上，AIGC 技术还被用于生成带有文化元素的短视频，使文化传播更加生动直观。

在游戏与影视领域，AIGC 同样发挥了重要作用。通过 AI 生成剧情和角色对白，影视作品和游戏内容的创作过程变得更加高效。在国际游戏市场上，具有中国文化元素的游戏通过 AIGC 生成内容，实现了情节的丰富与角色形象的立体化。这不仅提升了游戏的文化深度，也让更多国际用户接触并了解中华文化。

5. 伦理与规范的考量

尽管 AI 生成内容在文化传播中展现了巨大潜力，但其应用也带来了一些伦理与规范的挑战。AIGC 技术在生成内容时，可能涉及知识产权与数据隐私的问题。此外，由于 AI 生成内容的原创性较低，可能会引发文化内容同质化的风险。为应对这些挑战，国际文化平台需要制定严格的规范和审核机制，确保 AI 生成内容符合伦理与法律的要求。

内容的真实性也是需要重视的问题。AI 生成的文化内容可能会在创作过程中引入错误或偏差，导致文化误读。因此，在 AI 生成内容的传播过程中，平台需要引入人工审核和多层次的内容评估机制，确保内容的准确性和可信度。

AI 生成内容为中华文化的国际传播提供了新的工具和路径。通过提升内容生产的效率、支持个性化生成以及优化跨文化传播策略，AIGC 技术推动了文化内容的多元化表达与广泛传播。在这一过程中，技术的应用不仅丰富了中华文化的表现形式，也增强了中华文化的全球影响力。

4.2 智能视觉技术与中华艺术的数字化转化

4.2.1 AI 与传统艺术的数字化保护与创新

人工智能技术的发展，为传统艺术的保护与创新注入了新的活力。在数字化时代，传统艺术正面临双重挑战：一方面是文化遗产的自然损耗与消失，另一方面是如何在全球化的语境中找到与现代社会的连接方式。AI 不仅可以通过数据驱动的分析和重建手段对艺术进行数字化保护，还能推动艺术形式的创新与再创造，为传统艺术在新时期的传播开辟广阔空间。

1. 数字化保护中的 AI 技术应用

人工智能在艺术保护中的作用主要体现在精准识别与数据重构上。传统艺术品，特别是古代绘画、壁画和雕塑，常因年代久远而遭受褪色、腐蚀等损害。AI 技术通过图像识别算法和深度学习模型，能够扫描并分析艺术品的当前状态，对其进行细致的数字化记录。机器学习模型还可以通过比对历史数据，预测艺术品未来可能的损坏趋势，为艺术保护人员提供提前干预的方案。

数字复原是另一项重要应用。AI 可以根据残缺的画作或雕塑的历史信息，通过对图像数据的分析与建模，推测出缺失部分的原貌，并进行虚拟复原。通过这种方式，艺术品不仅能够在数字空间中实现重生，还为后人提供了深入研究和再创作的机会。这一过程大大提高了传统艺术保护的效率，使大量原本可能消失的文化遗产得以保存。

2. 智能技术推动的艺术创新

AI 在传统艺术领域的应用，不仅限于保护，还体现在创新性艺术创作中。借助生成对抗网络（GANs）等技术，AI 可以模仿和再现传统艺术风格，同时创造出全新的艺术形式。这些技术使传统艺术的表现力得到了极大扩展，也推动了艺术家与技术之间的深度合作。例如，中国水墨画的风格具有高度抽象性与独特的笔触表达，AI 模型通过学习大量水墨画作的数据，不仅可以生成新的水墨画，还能探索传统风格与现代艺术元素的融合。

这一创新过程突破了传统艺术的时间与空间限制，使其以数字形式参与当代艺术的对话。此外，AI 生成的作品不仅具有艺术价值，还可以通过 NFT（非同质化代币）技术进行数字资产化。这种结合艺术与科技的模式，不仅为传统艺术带来了新的商业模式，也推动了艺术市场的数字化转型。

3. AI 驱动下的沉浸式艺术体验

人工智能在艺术领域的应用，还改变了艺术的呈现方式与受众体验。虚拟现实（VR）和增强现实（AR）技术在 AI 的支持下，使艺术展览变得更加沉浸与互动。传统艺术作品通过虚拟现实环境再现，观众不仅可以近距离观察作品的细节，还能参与艺术创作的过程。例如，在一些数字博物馆中，观众可以通过 AR 设备"触摸"虚拟的古代文物，并探索其背后的文化故事。这种沉浸式的体验，使观众与艺术之间建立了更加紧密的联系。

这种模式不仅增强了艺术传播的效果，还扩大了文化教育的边界。AI 技术的介入，使艺术教育资源更加多元化和普及化。传统艺术不再局限于博物馆和画廊的物理空间，而是通过数字平台进入课堂和家庭，让更多人有机会接触并理解艺术的内涵。

4. 文化多样性与艺术创新中的 AI 挑战

尽管 AI 在传统艺术保护与创新中展现了巨大潜力，但其应用也面临一些挑战。首先，不同文化背景的艺术具有独特的表达方式与价值体系，AI 模型在进行艺术重构和创新时，容易因数据样本的单一性而忽略这些文化差异。如何在全球化背景下保持艺术的多样性与独特性，是 AI 技术应用中的重要课题。

其次，艺术创作过程中的人工智能参与，可能引发原创性与版权归属的争议。传统艺术创作强调艺术家的个人表达，而 AI 生成的作品则更多依赖于算法与数据。如何平衡技术创新与艺术表达之间的关系，确保艺术创作的多样性与伦理性，需要进一步的探索。

AI 在传统艺术保护与创新中的应用，为文化遗产的数字化转型和艺术表达的多元化开辟了新的道路。通过智能技术的支持，传统艺术不仅得以延续其价值，还能在现代社会中焕发出新的生命力。

4.2.2　智能影像识别在文化遗产中的应用

智能影像识别技术的兴起，为文化遗产的保护、管理和传播带来了前所未有的机遇。在中华文化的全球传播中，文化遗产承担着传递历史、传承精神的重要角色。然而，由于时间的侵蚀与人为破坏，大量文化遗产面临消失或损毁的风险。智能影像识别技术以其高效、精准的特点，为文化遗产提供了全新的保护手段，不仅提升了文物修复与管理的效率，还拓展了文化传播的渠道。

1. 影像识别技术在文化遗产管理中的作用

文化遗产管理过程中，准确的分类与记录是基础。传统的文物分类与登记依赖人工操作，效率低且易出现失误。智能影像识别技术能够通过深度学习模型自动识别文物的形状、颜色、材质等特征，将文物按照类别进行自动化分类与存档。这种技术大幅提升了文化遗产数据库的构建速度，确保了管理流程的精准性。

影像识别技术还能够用于文物的实时监控与保护。在一些开放型遗址或博物馆中，文物常因游客的不当行为或环境因素受到损害。智能影像识别系统可以自动监测文物的状态，并及时识别潜在的威胁。

例如，通过识别图像中的裂纹扩展或颜色变化，系统能够提前发出预警，提示管理者采取修复措施。这种基于影像数据的监控体系，使文化遗产的保护更具主动性与前瞻性。

2. 智能修复中的影像识别技术

文化遗产修复是一项精细而复杂的工作，传统修复方式不仅耗时长，还常依赖于修复师的个人经验。智能影像识别技术通过对文物历史影像数据的学习，能够模拟文物原貌，为修复工作提供科学依据。人工智能系统通过比对大量相似类型文物的图像，推断出遗失部分的形态和颜色，使修复过程更加精准。同时，这种技术还能够模拟不同修复方案的效果，为修复师提供多种选择。

智能影像识别还在三维建模与虚拟重构方面发挥了重要作用。对于一些已经无法实物修复的文物，影像识别技术能够通过历史图像和现存文物数据的分析，生成高度逼真的三维数字模型。这些模型不仅为研究人员提供了宝贵的资料，也为公众创造了虚拟参观的机会，让更多人得以"亲眼"目睹这些珍贵的文化遗产。

3. 多语言文化传播中的影像识别应用

影像识别技术的应用，不仅限于文化遗产的保护与修复，也为其国际传播带来了新的可能性。文化遗产作为中华文化的象征，需要在多元文化背景中传播与展示。智能影像识别技术能够识别不同国家受众的文化偏好，为文化传播设计更符合当地需求的展示内容。例如，在推广中国青铜器艺术时，系统可以分析不同国家用户对纹饰和造型的兴趣，优化展示策略。

影像识别系统还能够通过自然语言处理技术，将文物的背景故事自动翻译成多国语言，使文化遗产内容能够触达更多国家的受众。这种基于智能技术的文化传播，不仅提升了文化交流的效率，还促进了不同国家之间的理解与认同。

4. 数据驱动的文化遗产数字化转型

智能影像识别在文化遗产数字化转型过程中发挥了关键作用。传统的文化遗产多以实物形式存在，受时间和环境影响而极易损毁。影像识别技术能够将这些遗产以高精度的数字化形式保存下来，确保文化价值的长期传承。通过对数字化文物数据的分析与解读，研究人员还能够发现文化遗产中的隐藏信息，推动相关领域的学术研究。

数字化的文化遗产数据也使公众能够更加便捷地获取相关信息。一些博物馆和文化机构已经通过虚拟展览，将数字化的文物模型展示在网络平台上。观众无须亲临现场，就可以通过智能设备体验到丰富的文化内容。这种数字化转型，使得中华文化遗产得以突破地域限制，在全球范围内进行展示与传播。

5. 技术挑战与解决方案

尽管智能影像识别技术在文化遗产领域展现了巨大的潜力，实际应用中仍面临一些技术挑战。首先，不同类型文物的形态与材质各异，影像识别系统在处理复杂文物时可能出现识别误差。其次，文物的历史损坏也给影像识别带来困难，需要系统具有高度的自适应性与学习能力。

为应对这些挑战，研究人员不断优化影像识别算法，并引入多模态数据融合技术，将图像数据与语音、文字数据结合使用。这种融合技术不仅提高了识别的准确性，还拓展了文化遗产信息的表达方式。此外，一些文化机构还采用了众包数据标注的方式，通过公众参与丰富影像识别系统的训练数据，进一步提升系统的识别能力。

智能影像识别技术在文化遗产的保护与传播中展现了重要价值。通过提升管理效率、推动智能修复和促进国际传播，这项技术为中华文化遗产的传承与发展提供了强有力的支持。

4.2.3 数字艺术展览与跨国文化互动

数字艺术展览作为一种新兴的文化传播形式，借助人工智能和大数据技术，正在全球范围内引发广泛关注。它不仅通过技术手段为传统文化注入了新的活力，也在跨国文化互动中发挥着重要作用。人工智能赋予了艺术展览更多的互动性和个性化体验，打破了物理空间的限制，使文化传播更加广泛和深刻。在此背景下，数字艺术展览成为促进跨国文化交流的有力工具。

1. 数字艺术展览的技术基础与发展

数字艺术展览的兴起与数字化技术的快速发展密不可分。特别是在人工智能、大数据、虚拟现实（VR）和增强现实（AR）等技术的支持下，展览的形式与内容发生了深刻的变化。传统的艺术展览依赖于固定的场馆和实物展示，而数字艺术展览则通过虚拟空间打破了这一局限。借助 AI 算法，展览内容可以根据观众的行为数据进行个性化调整，使每个观众都能获得与自身兴趣和需求相匹配的艺术体验。

此外，虚拟现实和增强现实技术的应用，使观众能够在虚拟空间中自由探索艺术作品，增强了互动性和沉浸感。AI 生成内容（AIGC）技术也为艺术创作提供了新的可能性，艺术家可以利用人工智能工具生成动态艺术作品。这种技术与艺术的融合，使得传统文化与现代科技得以相互激发，为全球观众带来耳目一新的文化体验。

2. 文化内容的全球化分发与个性化体验

数字艺术展览的另一大优势在于其全球化的传播能力。借助互联网，艺术展览的内容可以即时传递到世界各地，无论是文化发达地区还是文化资源匮乏的地方，观众都能平等地接触到这些高质量的文化内容。大数据技术在这里起到了至关重要的作用，通过对全球观众的偏好和行为数据进行分析，数字艺术展览的内容可以实现精准推送，从而满足不同文化背景下的观众需求。

在个性化体验方面，人工智能通过对用户数据的分析，能够自动推荐适合用户的艺术内容，甚至调整展览的呈现方式。例如，在展示中国传统文化时，系统可以根据用户的文化背景和历史知识水平，生成不同深度的解读和说明。这种个性化的展览体验，增强了观众与文化内容之间的互动，促进了文化传播的有效性。

3. 促进跨国文化理解与互动

跨国文化互动是数字艺术展览的重要目标。通过虚拟平台，来自不同文化背景的观众可以共同体验同一艺术作品，并通过在线互动进行文化交流。这种跨国界、跨文化的互动不仅拉近了全球观众之间的距离，也为不同文化之间的理解与尊重提供了平台。在这个过程中，人工智能技术起到了调节器的作用，帮助消除文化差异带来的误解与障碍。

数字艺术展览还可以通过多语种支持和智能翻译技术，进一步消解语言障碍。AI 翻译系统不仅能够提供即时的语言转换，还可以根据上下文和文化背景调整翻译内容，确保艺术作品的文化内涵在不同语言体系中得以准确传达。这样的技术应用，不仅推动了中华文化在全球的传播，还促进了其他国家文化的传播，使得不同文化之间的互动更加顺畅和深入。

4. 跨文化交流中的挑战与人工智能的作用

尽管数字艺术展览在促进跨国文化交流方面展现了巨大的潜力，但在实际操作中仍面临着诸多挑战。其中一项挑战是文化背景的差异可能导致观众对某些艺术作品的误读或误解。例如，一些具有强烈地域性或历史背景的文化符号，可能难以为不熟悉该文化的观众所理解。此时，人工智能的调适能力至关重要。通过大数据分析，AI 能够识别观众对特定内容的反应，进而调整展览的内容呈现方式，避免文化误读的发生。

另外，文化敏感问题也是跨国文化交流中的一大挑战。不同国家和地区对文化内容的接受度各不相同，某些艺术表现形式在某一文化背景中被视为正常，但在另一文化背景中可能引发争议。AI 技术通过分析各国的政策和文化风俗，可以帮助展览策展人在内容选择和呈现方式上作出合理的调整，确保展览的内容在不同文化背景下能够得到更广泛的接受。

5. 人工智能技术对艺术创作与展览策划的启发

人工智能不仅在观众体验方面带来了革命性的变化，同时也为艺术创作与展览策划提供了新的思路。AI 技术能够通过对艺术作品风格、形式和内容的分析，生成与传统艺术形式相结合的创新艺术作品。这种技术手段，不仅丰富了艺术的表达形式，也推动了中华传统文化在数字时代的再创造。

在展览策划方面，AI 技术可以通过数据分析，了解观众的兴趣趋势和行为模式，从而指导展览内容的设计。例如，某些主题可能在特定区域的观众中更受欢迎，而其他内容则适合全球推广。策展人可以根据这些数据做出更加符合实际需求的策展决定，确保展览的内容既具文化深度，又能引发观众的广泛兴趣。

数字艺术展览结合了人工智能、大数据和虚拟现实等技术，为中华文化的全球传播和跨国文化互动提供了全新的途径。这一形式通过智能化的内容生成与分发，推动了文化传播的个性化与精准化，同时为不同文化背景的观众创造了跨文化交流的机会。

4.3　人工智能与文化体验的创新

4.3.1　虚拟现实（VR）与增强现实（AR）在文化体验中的应用

虚拟现实（VR）与增强现实（AR）技术正在改变人们感知与体验文化的方式。这些技术通过构建沉浸式的虚拟环境，将用户带入全新的感官世界，使他们能够更直观、更生动地接触到丰富的文化内容。VR 与 AR 为传统文化赋予了新的生命力，也为中华文化的传播提供了创新的载体。通过数字技术和感知模拟，虚拟与现实的边界被打破，为用户创造了独特的文化体验。这些技术不仅促进了传统文化与现代科技的深度融合，也拓展了文化传播的路径与形式。

1. 沉浸感与文化体验的转型

VR 技术的核心价值在于其沉浸感。借助虚拟环境的构建，用户仿佛置身于另一个世界，获得全方位的感官体验。对于文化传播而言，沉浸感意味着用户能够通过虚拟世界与文化进行深度互动，从而超越传统的观看与阅读形式。例如，在中国的历史文化场景中，用户可以通过 VR 设备亲身"游历"故宫，体验古代皇宫的建筑布局与日常生活。这种沉浸式体验不仅丰富了文化内容的呈现方式，还增强了用户的参与感与记忆力。

AR 技术则通过将虚拟信息叠加到现实场景中，实现了现实与虚拟的融合。用户使用智能设备扫描真实世界的物体或场景时，屏幕上会出现与该物体相关的文化信息。这种交互式增强不仅丰富了文化体验，还打破了时间与空间的限制，使用户能够随时随地感知文化的魅力。在非物质文化遗产的展示中，AR 技术使得传统工艺的制作过程可以以动态的形式呈现，帮助用户更好地理解这些文化符号的深层含义。

2. VR 与 AR 在教育与旅游中的创新应用

VR 与 AR 技术的应用，在文化教育和旅游领域发挥了重要作用。文化教育的核心在于激发学生的兴趣，并让他们深入理解文化的内涵与价值。传统的文化教育形式往往局限于课堂教学，难以激发学生的主动参与。而 VR 与 AR 技术通过模拟真实场景，将文化内容以可视化的形式呈现，使学生能够在沉浸式的环境中进行学习。例如，历史课程中使用 VR 技术重现重大历史事件的场景，学生可以"参与"其中，并通过互动式体验加深对历史的理解。

在文化旅游领域，VR 与 AR 技术极大地提升了游客的体验感。传统的旅游形式依赖于导游的讲解与实地观光，而 VR 与 AR 为游客提供了更加个性化的导览服务。游客可以在到达景区前，通过 VR 设备预览景区的主要景点与历史故事，从而更好地规划行程。在旅游过程中，AR 设备则通过智能识别系统为游客提供实时信息，使他们能够更全面地了解景区的文化内涵。这些技术的应用，不仅提升了游客的满意度，还促进了文化旅游的创新发展。

3. 技术与文化传播的深度融合

VR 与 AR 技术的引入，使文化传播的过程更加动态与丰富。传统的文化传播方式多为单向信息输出，而 VR 与 AR 技术通过互动性设计，实现了传播主体与受众之间的双向交流。用户不再是被动的信息接收者，而成为文化体验的参与者与创造者。这种互动性增强了文化传播的效果，并使文化内容在受众中留下更深刻的印象。

此外，这些技术还推动了文化的创新表达。许多传统的文化形式在现代社会中逐渐失去吸引力，而通过 VR 与 AR 的形式，它们以新的面貌重新呈现。例如，一些传统戏剧通过 VR 舞台的呈现，使观众能够在虚拟空间中与演员互动。AR 技术则使得传统艺术作品"活"起来，当用户用手机扫描画作时，画中人物会在屏幕上"动"起来，讲述背后的故事。这些创新的表达形式，为文化传播注入了新的活力。

4. 文化体验中的数据收集与智能反馈

VR 与 AR 技术的使用还带来了数据收集与智能反馈的可能性。在用户进行沉浸式文化体验的过程中，系统会实时收集用户的行为数据与偏好信息。这些数据不仅为文化传播的优化提供了支持，还能够为个性化的内容推荐提供依据。通过对用户数据的分析，文化传播者可以调整传播策略，确保内容更符合用户的兴趣与需求。

智能反馈系统还能够根据用户的实时反应调整体验内容。例如，当系统检测到用户对某一部分内容表现出较高的兴趣时，可以自动推送相关的深度信息，延长用户的体验时间。反之，当用户的兴趣逐渐减弱时，系统会缩短相应内容的展示时间，以提升整体体验的流畅度。这种基于数据的智能调适机制，使文化体验更加灵活与高效。

VR 与 AR 技术在文化体验中的应用，不仅改变了传统的文化传播方式，还提升了用户的参与感与满意度。这些技术的融合，为文化传播的创新发展提供了广阔空间。

4.3.2　智能交互技术带来的沉浸式文化体验

在当代文化传播领域，智能交互技术正在重塑人们体验和理解文化的方式。通过人工智能、虚拟现实（VR）、增强现实（AR）等技术的融合，沉浸式文化体验已经成为推动中华文化全球传播的关键手段。智能交互不仅为文化内容赋予了全新的表现形式，还大大增强了用户的参与感与互动性。这种技术驱动的文化体验，突破了传统的单向传播模式，使观众不仅是文化内容的接受者，也是其生成与演绎的主动参与者。

1. 智能交互技术的定义与发展

智能交互技术是一种利用人工智能、传感器技术以及人机界面实现人类与数字环境互动的技术体系。在文化传播中，智能交互不仅包括声音、图像等传统媒体的展示，还包括实时的反馈机制、虚拟互动场景的构建和个性化体验的生成。通过多模态的输入和输出，智能交互能够捕捉用户的情感、行为以及语言，并根据这些数据生成即时的反馈，从而营造出高度沉浸的文化体验。

随着技术的不断进步，智能交互技术的应用范围迅速扩展。最早的交互形式多见于游戏与娱乐产业，而如今，文化场馆、展览以及教育领域也开始广泛使用这些技术。例如，故宫博物院就曾利用增强现实技术为观众打造沉浸式参观体验，用户通过智能设备可以看到古建筑的原貌，甚至可以"触摸"数字化的文物。这种跨越时间和空间的文化体验，为文化传播提供了更加丰富的感知途径。

2. 沉浸式体验的核心要素

智能交互技术带来的沉浸式文化体验，旨在通过虚拟与现实的结合，打破传统媒介的局限，使用户全方位地感知文化的深层次内涵。沉浸式体验的核心要素主要包括三个方面：感知的逼真度、互动的即时性与参与的主动性。

感知的逼真度指的是通过视觉、听觉等感官技术为用户创造出接近真实的文化场景。例如，在虚拟现实技术的支持下，用户可以"步入"虚拟的博物馆，参观古代建筑，感受中国传统文化的氛围。通过高度精确的三维建模技术，这些虚拟场景不仅能真实再现历史文化遗产，还能通过数据分析预测遗失部分的原貌，使得用户的感知体验更加丰富和多维。

互动的即时性体现在智能交互系统能够根据用户的输入实时反馈。传统的文化体验往往是单向的、被动的，而智能交互技术则允许用户与文化内容进行多层次的互动。例如，在 AI 博物馆中，参观者可以通过语音与虚拟导览员进行对话，询问特定文物的历史背景和文化价值。系统通过自然语言处理技术，能够实时解答用户的疑问，甚至根据用户的兴趣提供个性化的文化导览路径。

参与的主动性意味着用户在沉浸式文化体验中不仅是观察者，更是创造者。智能交互技术通过数据分析与用户行为的深度学习，能够生成个性化的文化内容，并为用户提供创作的机会。例如，在一些艺术类展览中，参观者可以通过 AR 技术为数字画作添加色彩，或者通过手势识别系统与数字艺术作品进行交互。这种主动的参与极大增强了用户的沉浸感，使得文化体验不再仅仅停留在接受层面，而是转化为一种创造性活动。

3. 智能交互技术对文化传播的影响

智能交互技术的出现，不仅拓展了文化传播的边界，还改变了文化传播的方式。首先，智能交互使文化传播更加个性化与精确化。通过大数据与人工智能的结合，智能系统可以根据用户的行为习惯、兴趣偏好生成定制化的文化内容推送。这种个性化的传播路径，有效提升了文化传播的效率和效果，使得中华文化能够以更加灵活多样的方式呈现给全球受众。

其次，智能交互技术增强了文化传播的互动性与参与感。传统的文化传播模式中，观众大多处于被动接受的状态，而智能交互技术赋予了观众更多的主导权。他们不仅可以选择文化内容的展示顺序，还可以与其进行深度的互动。例如，在智能博物馆中，观众可以通过 VR 设备"亲临"千年前的文化场景，或通过手势操控与虚拟物体互动。这种沉浸式的体验让观众与文化产生了情感上的连接，提升了文化传播的情感共鸣度。

最后，智能交互还推动了文化的多元化传播。不同文化背景下的观众对于同一文化内容的理解和接受程度往往存在差异。智能交互技术通过实时的数据反馈与语义分析，能够根据观众的文化背景、语言习惯与行为模式，动态调整文化内容的呈现方式。这不仅提升了文化传播的精准度，还能够减少跨文化传播中的误解与误读。

4. 技术与文化的深度融合

智能交互技术的优势在于其能够将科技与文化进行深度融合，通过科技手段激发文化的潜力，实现文化传播的创新。以虚拟现实技术为例，用户可以通过 VR 设备体验中国古代历史事件，身临其境地感受中华文化的精髓。而增强现实技术则使文化元素在现实场景中得以增强呈现，用户通过移动设备可以"看到"历史场景在现实中的重现，这种技术的运用使得文化不再仅仅存在于书本与博物馆中，而是与现实生活产生了互动。

此外，智能交互技术还带来了文化内容的再创作可能性。用户在沉浸式体验中可以通过个人行为参与文化的再创作过程，这不仅丰富了文化传播的形式，也推动了文化的动态发展。随着 AI 技术的进一步成熟，未来的文化传播将不再局限于固定的内容与形式，而是能够根据用户的行为实时生成多样化的文化体验。这种动态的文化生成方式，使得文化传播变得更加生动、灵活和具有创意。

智能交互技术为沉浸式文化体验提供了广阔的可能性。这种技术不仅增强了文化传播的互动性与参与感，还推动了文化与科技的深度融合。通过个性化的文化传播路径与多元化的内容生成，智能交互技术为中华文化的全球传播创造了全新的模式与机遇。

4.3.3　元宇宙与中华文化的沉浸传播

元宇宙的兴起为文化传播提供了一个前所未有的创新场景。这一概念源自虚拟现实和增强现实的融合，创造出一个线上与线下相结合的数字世界。在这一空间中，用户能够以虚拟身份参与各种活动，并与数字内容进行深度交互。元宇宙不仅是科技发展的新成果，更是文化传播的一种新形式。它改变了文化的传播方式和体验模式，为中华优秀传统文化的国际传播注入了新的活力。

1. 沉浸传播的核心价值

元宇宙的沉浸传播通过虚拟场景和多维交互，将受众带入文化情境之中。传统的文化传播通常是线性的，信息从传播者传递给受众，而元宇宙中的文化传播则更加开放和互动。用户不仅是信息的接收者，也是参与者，甚至成为内容的创造者。通过沉浸式体验，受众可以在虚拟世界中亲历历史事件、感受传统节日、学习书法或参与古乐演奏。这样的深度参与感和体验感，是传统传播形式难以企及的。

沉浸传播的另一个价值在于其个性化和多样性。元宇宙能够根据用户的兴趣和行为，提供个性化的文化内容。无论是喜欢唐代诗词的用户，还是对秦代建筑感兴趣的用户，都可以在虚拟世界中找到符合自己需求的内容。这种高度个性化的文化传播，不仅增强了用户的参与感，还促进了文化的多样性与包容性。

2. 数字空间中的文化复现与创新

元宇宙中的文化传播不仅是传统内容的简单再现，更是一种创新性复现。在虚拟空间中，文化符号和元素可以被重新解构和组合，形成新的文化表达方式。例如，传统戏剧在元宇宙中不仅可以以虚拟演出的方式呈现，还可以与其他艺术形式融合，创造出跨界的新艺术。这种数字空间中的文化创新，打破了时间和空间的限制，使文化得以在新的语境中焕发出新的生机。

文化的创新性复现还体现在互动和游戏化设计上。在元宇宙中，用户可以通过完成任务或挑战来了解文化的内涵，例如参与虚拟的书法比赛或解锁古代建筑知识。这种基于游戏化的文化传播方式，增强了用户的主动性和探索性，使文化的学习和传承变得更加生动有趣。

3. 跨文化传播中的语境适应

元宇宙的开放性使其成为跨文化传播的重要平台。不同文化的内容可以在元宇宙中共存，并以创新的方式融合。在这一过程中，如何实现文化内容的语境适应，是一个重要的挑战。不同文化背景的用户对同一文化符号的理解可能存在差异，因此，元宇宙中的文化传播需要注重语境的调适和融合。通过智能算法的支持，元宇宙能够根据用户的文化背景和语言偏好，动态调整内容的呈现方式，确保文化信息能够被准确传达和理解。

语境适应还意味着尊重文化多样性。在元宇宙中的跨文化互动，应避免文化同化或霸权现象，而是通过平等对话和开放包容的态度，实现不同文化之间的互相理解和共生。这一过程不仅是技术的实现，也是文化价值的体现。

4. 技术与伦理的平衡

元宇宙的沉浸传播虽然充满潜力，但也带来了新的技术与伦理挑战。首先是隐私与数据安全问题。元宇宙中的用户行为和数据需要严格保护，以防止信息滥用或侵犯隐私。其次是文化表达的真实性与伦理问题。在虚拟空间中，文化符号的随意重构可能导致误读或误用，需要建立合理的伦理规范，确保文化内容的传播符合其原有价值和意义。

技术与伦理的平衡还体现在文化传播的包容性上。元宇宙的设计者和运营者需要确保不同文化的内容能够平等呈现，并防止技术壁垒或经济壁垒对文化传播的限制。这种包容性的实现，不仅依赖于技术的支持，更需要政策和社会的协同努力。

元宇宙为中华文化的沉浸传播提供了新的场景与可能性。通过创新性复现与语境适应，这一数字空间实现了文化传播的深度参与与多样表达。元宇宙中的沉浸传播，不仅增强了文化的吸引力，也为跨文化交流创造了更多机会。

第5章

人工智能在文化产业中的广泛应用

文化产业作为文化传播的重要载体，正处于快速变革的关键时期。人工智能的广泛应用，为文化产业注入了新的活力，带来了前所未有的发展机遇。从数字文化创意产业的内容智能生成，到博物馆、文化节庆等领域的智能化升级，本章将深入文化产业的各个层面，揭示人工智能如何推动文化产业创新发展，重塑文化产业格局，为中华文化传播提供更强大的动力支持。

5.1 AI 驱动的数字文化创意产业

5.1.1 文化内容的智能生成与创新

人工智能在文化产业中的深度应用，正在推动文化内容的生成与创新。智能生成内容（AIGC）改变了传统文化产品的创作方式，将技术与艺术融合，为文化内容注入新的活力。这一过程不仅提高了创作效率，也使文化产品更具个性化和多样化。通过自然语言处理（NLP）、图像生成和数据分析等技术，人工智能赋能的文化产品能够满足不同受众的需求，实现文化表达与商业价值的双重提升。

1. 智能生成内容的多元化形式

智能生成的文化内容涵盖了文本、图像、音乐等多种形式。在文本创作中，基于大数据训练的自然语言处理模型（如 GPT 系列），可以生成符合特定风格的诗词、小说或戏剧脚本。通过学习古代经典的语言和结构，AI 能够创作出贴近传统韵律的诗歌或文学片段。这种文本生成技术不仅应用于文学创作，还可以用于翻译与解读经典作品，为传统文化传播提供更多支持。

图像生成技术同样展示了文化内容的新可能。基于深度学习的生成对抗网络（GAN），可以在分析大量艺术作品的基础上，生成具有特定风格的图像。这些生成图像可用于数字艺术展览，也可以成为虚拟文创产品的一部分。例如，AI 生成的传统山水画作品不仅保留了水墨画的神韵，还可以根据用户需求进行个性化定制。

音乐创作中，AI 通过学习不同风格的音乐样本，生成符合特定文化氛围的旋律。比如，在推广传统节庆时，AI 能够自动生成融合了民族乐器与现代电子乐的背景音乐，使传统节日更具吸引力。智能生成技术的灵活应用，打破了传统艺术创作的限制，使文化内容的表达更加多样化。

2. 文化内容生成的创新价值

智能生成内容的价值不仅在于提高了生产效率，更在于推动了文化的创新表达。在传统文化与现代技术的结合中，AI 使得文化内容更加动态和个性化。通过对受众需求的分析，AI 能够生成符合不同用户偏好的内容。这种个性化创作的方式，使文化传播更加精准，提高了受众的参与感和满意度。

文化创新还体现在内容的交互性上。通过 AI 驱动的交互设计，用户不仅是文化内容的接收者，还可以参与创作过程。比如，一些数字博物馆允许参观者使用 AI 工具生成个性化的艺术作品，将参观体验与艺术创作相结合。这种创新模式打破了传统文化传播中的单向性，使文化内容的传播更加生动。

3. 案例分析：《AI 国风》项目的创作实践

《AI 国风》是一项成功应用智能生成技术的文化创新项目。该项目旨在通过人工智能生成具有中国传统风格的文化内容，并将这些内容应用于多种艺术和商业场景。项目团队利用大规模数据训练模型，让 AI 学习唐诗、宋词、古典山水画等多种文化形式的特点，并生成新的诗歌、绘画和音乐作品。这些作品不仅在国内获得了广泛认可，还通过国际艺术展览向世界展示了中国传统文化的魅力。

《AI 国风》项目的音乐生成部分尤其引人注目。AI 系统分析了大量传统乐器的演奏样本，并根据节奏和和声模式，创作出融合了传统与现代元素的音乐。这些音乐作品不仅用于节庆活动和广告宣传，还被应用于游戏和影视配乐，扩大了其文化影响力。

在绘画创作上，项目团队使用生成对抗网络（GAN）生成了大量数字山水画。参观者可以通过手机应用上传自己的照片，并让 AI 根据照片中的元素生成个性化的山水画。这种互动式体验打破了艺术与受众之间的界限，使传统艺术焕发了新的生机。

《AI 国风》还将生成的诗歌作品应用于社交媒体和文创产品的推广。AI 生成的现代诗歌与经典诗歌相结合，出现在日历、贺卡和广告文案中。这些内容既符合年轻用户的审美偏好，又保留了传统文化的精髓，实现了文化传承与市场推广的结合。

4. 智能生成内容的挑战与思考

尽管智能生成内容展现了巨大的潜力，但也面临一些挑战。首先是文化表达的真实性问题。AI 生成的内容是否能够准确传达文化内涵，成为一个重要议题。传统文化作品承载着深厚的历史与情感，而 AI 生成的内容往往缺乏人类创作中的情感深度与个体表达。为解决这一问题，需要在技术开发过程中加入更多的文化理解与审美判断。

其次是版权与伦理问题。AI 生成的文化内容在版权归属上存在争议，特别是当这些内容用于商业目的时，如何合理分配利益成为一个重要问题。此外，AI 生成内容的广泛应用可能引发对传统艺术创作者的冲击，如何平衡技术进步与艺术保护之间的关系，也是需要深思的问题。

智能生成技术为文化内容的创新带来了新的可能性。通过多样化的文本、图像和音乐生成，AI 推动了文化表达的多元化和个性化。案例分析表明，技术与文化的融合，不仅提升了文化传播的效率，也赋予了传统文化新的生命力。

5.1.2　AI 驱动的个性化文化产品与服务

人工智能技术的迅猛发展，为文化产业的个性化产品和服务创造了前所未有的机遇。通过大数据分析和智能算法，文化产业能够准确捕捉用户的兴趣与需求，从而定制符合个体偏好的内容。这样的技术不仅提升了用户的参与感，也拓展了文化产品的商业价值，使其更具吸引力和市场竞争力。

1. 个性化文化产品的逻辑与价值

人工智能的个性化推荐系统基于用户的行为数据和兴趣标签，为其推送契合需求的文化内容。不同于传统的标准化产品，这种智能化定制能够为用户带来独特的体验。用户在接收文化内容时，希望感受到与自身需求和价值观的共鸣，而 AI 驱动的个性化产品正是基于这一心理需求进行设计。无论是在音乐流媒体、在线阅读，还是数字展览平台上，AI 都通过分析用户的偏好，生成高度契合个人兴趣的推荐内容。

这种个性化服务不仅提升了文化内容的用户参与度，还能促进内容的多样性。通过算法推荐，更多小众或长尾内容也能得到曝光机会，避免了热门文化内容的垄断。这一过程中的文化包容性为多元文化的发展提供了空间，使用户得以接触和了解更多不熟悉的文化形式。

2. 个性化文化服务的市场应用

AI 驱动的个性化服务在文化市场上已有广泛应用。流媒体平台 Spotify 和 Apple Music 通过分析用户的播放历史和音乐风格，为其推荐个性化歌单。这种个性化推荐不仅增强了用户的粘性，还提升了音乐消费的频率。类似地，在视频流媒体平台如 Netflix 上，AI 通过预测用户可能喜欢的内容，为其提供个性化观影列表，极大地提升了用户体验。

在出版行业，人工智能为在线阅读平台提供了高度定制化的阅读建议。例如，Kindle 通过分析用户的阅读习惯和书籍偏好，为其推荐符合兴趣的图书。这种个性化服务激发了用户的阅读兴趣，并推动了在线阅读平台的市场扩展。AI 不仅提升了内容的可达性，还通过精确匹配用户需求，促进了内容的消费和传播。

3. 案例分析：腾讯音乐的 AI 驱动个性化体验

腾讯音乐娱乐集团（TME）是 AI 驱动个性化文化服务的成功典范。其旗下的音乐平台，如 QQ 音乐、酷狗音乐和酷我音乐，通过智能算法为用户提供个性化的音乐推荐。这些平台不仅通过 AI 技术分析用户的听歌记录，还结合大数据分析用户的情绪状态和场景偏好，为其定制不同情境下的歌单。例如，在用户通勤或健身时，平台会推荐适合的背景音乐，以提升用户的沉浸感。

腾讯音乐的 AI 推荐不仅体现在歌单的定制上，还深入到了用户的交互体验中。通过 AI 语音助手，用户可以与平台进行自然语言交互，获取个性化的音乐建议。这种互动性增强了用户的参与感，使其成为音乐消费的主动参与者。这一过程中，AI 技术不仅提升了平台的用户留存率，还通过算法推荐推动了更多音乐内容的传播和消费。

腾讯音乐的成功展示了 AI 驱动的个性化服务如何在文化市场中创造价值。个性化推荐系统提高了音乐内容的匹配度，使用户能够更高效地找到符合自身需求的内容。同时，这种技术也促进了音乐作品的多元化传播，为更多音乐人和创作者提供了展示的平台。

4. 个性化服务的伦理与技术挑战

尽管 AI 驱动的个性化服务带来了诸多优势，但也伴随着一定的技术与伦理挑战。首先，算法推荐可能导致"信息茧房"现象，即用户始终接触相似的内容，限制了其接触多元文化的机会。这种情况可能削弱文化传播的广度与深度，不利于用户全面了解不同的文化形式。为应对这一挑战，文化平台需要优化算法模型，引入多样化内容的推荐机制。

其次，数据隐私问题也成为个性化服务的一大挑战。AI 系统需要大量用户数据进行分析与匹配，而这些数据的收集和使用可能引发隐私泄露的风险。文化平台在使用 AI 技术时，应加强数据保护措施，确保用户信息的安全。同时，平台应通过透明的数据政策，明确告知用户其数据的用途，增加用户对个性化服务的信任。

5. 文化创新中的个性化服务

AI 驱动的个性化服务不仅是技术创新的产物，也为文化创新提供了新的可能性。通过个性化定制，文化内容能够更精准地匹配用户需求，使文化传播更加高效。与此同时，个性化服务还能够为文化产品的创新提供灵感。文化创作者通过分析用户的反馈数据，可以更好地了解市场需求，为创作提供参考。这种数据驱动的文化创新，不仅提升了文化产品的市场适应性，还增强了文化产业的竞争力。

AI 还推动了互动性文化产品的发展。在一些线上博物馆和艺术展览中，用户可以通过 AI 技术定制参观路线，获得个性化的文化体验。虚拟现实（VR）与增强现实（AR）技术的结合，更是为个性化文化服务提供了全新的表达方式。用户在沉浸式体验中，不仅能够深度参与文化内容，还能够与虚拟世界中的文化符号进行互动，增强了文化传播的效果。

AI 驱动的个性化文化产品与服务，正在改变文化传播的方式与内容消费的模式。通过智能推荐与数据分析，文化产业得以更精准地触达用户，并为用户提供更丰富的体验。这种个性化服务不仅提高了文化产品的吸引力，也为文化产业的创新发展提供了新的动力。

5.1.3 AI 与影视、音乐、文娱的跨界融合

人工智能的广泛应用正在重塑影视、音乐和文娱产业的生产与传播模式。这种变革不仅体现在技术创新上，还改变了文化内容的表达方式与传播路径。通过大数据分析、智能推荐系统和生成式 AI 技术，影视、音乐与文娱产业实现了跨界融合，极大提升了用户体验与市场价值。人工智能的深度介入使这些行业的内容生产更加高效，并推动了个性化消费与文化传播的新生态。

1. 文化内容的生成与创新

人工智能技术的引入，极大提升了文化内容的生产速度和创意水平。影视行业中，AI 被用于剧本生成、人物建模和视觉特效制作，使得内容创作更加高效。生成式预训练模型（如 GPT 系列）已经能够生成符合特定风格和情境的剧本，为编剧提供灵感与初稿支持。音乐领域中，AI 算法也能根据不同风格生成旋律与和声，帮助音乐人完成复杂的创作任务。这种生成与创作的融合，使文化内容的表达形式更加

多元。

不仅如此，智能技术还推动了文娱内容的创新。例如，虚拟偶像的出现打破了传统演艺的限制。虚拟歌手"洛天依"便是中国数字音乐与人工智能结合的成功案例。她不仅拥有庞大的粉丝群体，还通过AI生成的音乐不断推出新作品，成功地实现了跨界融合。这种创新形式推动了文化表达从现实向虚拟延展，拓宽了文娱产业的边界。

2. 跨界融合的多元体验

在影视、音乐与文娱产业中，AI不仅作为内容生产的辅助工具，还改变了用户的体验模式。通过大数据分析和机器学习算法，平台可以为用户提供个性化的推荐内容，提高用户的参与感与粘性。视频平台如Netflix和中国的Bilibili，通过智能推荐系统为不同文化背景的用户提供个性化的内容，推动了文化的跨境传播。

这种跨界融合的趋势，还体现在多平台的协同运营上。例如，一部电影的上映不再局限于影院，而是同步推出衍生游戏和虚拟体验项目，形成了跨平台的内容消费生态。用户在观看电影的同时，可以通过AI生成的交互式体验进一步了解剧情背景和角色发展。这种整合式的文娱体验增强了用户的沉浸感，并大幅提升了文化产品的商业价值。

3. 案例分析：AI赋能的虚拟偶像与跨界娱乐

虚拟偶像的崛起是AI与文娱产业融合的典型案例。以中国的虚拟歌手"洛天依"为例，她由人工智能驱动，并通过虚拟形象与粉丝进行互动。自推出以来，"洛天依"不仅发布了多首原创歌曲，还参与了多种文化活动，包括线上演唱会、品牌代言以及与其他艺术形式的跨界合作。她的成功不仅体现在音乐市场的表现上，还推动了虚拟偶像在商业与文化领域的广泛应用。

这种跨界融合展现了AI在推动文化创新方面的潜力。"洛天依"的音乐作品由AI生成，但同时保持了人类创作的审美与风格。她的粉丝可以通过AI工具参与歌曲的创作与演绎，进一步加深了用户与虚拟偶像之间的互动。这种参与式文化传播模式不仅增强了粉丝的归属感，还打破了传统文娱产业中的创作者与消费者之间的界限。

虚拟偶像的成功也推动了线下与线上的融合。演唱会和艺术展览等传统文化活动，通过 AI 技术实现了线上线下同步进行，形成了全新的文化消费模式。这种模式不仅增强了活动的互动性，还降低了时间和空间的限制，使得文化内容能够触达更多的受众。

4. AI 推动文娱产业全球传播的价值

人工智能技术使得文化内容的全球传播更加高效和精准。在音乐与影视领域，智能推荐系统不仅能根据用户的喜好提供个性化内容，还能根据文化背景与地域偏好进行传播策略的优化。这种精准传播策略提高了文化产品的国际影响力。例如，中国电视剧与电影在国际流媒体平台上的成功推广，就得益于 AI 驱动的智能分发机制。AI 不仅分析了全球用户的文化偏好，还动态调整了内容的呈现方式，确保文化信息能够被更广泛的用户接受与理解。

此外，AI 还推动了跨文化合作与内容共创。在一些国际合作项目中，AI 技术被用于语言翻译与字幕生成，帮助不同国家的艺术家共同完成影视与音乐作品。这种跨文化共创不仅拓展了文化内容的创作边界，还推动了不同文化之间的深度交流与理解。

AI 与影视、音乐及文娱产业的跨界融合，推动了文化内容生产的创新与用户体验的提升。这种技术与艺术的结合，为文化传播创造了更加多元的可能性，同时也拓展了文化产品的全球市场。

5.2　数字文物与博物馆的智能化

5.2.1　文物的数字化保护与 AI 修复技术

数字化与人工智能技术的发展，为文化遗产的保护和修复开辟了新的路径。传统文物因时间、环境和人为因素的影响，容易受到损坏或逐渐失去原有的形态与价值。面对这些挑战，数字化保护和 AI 修复技术的应用，不仅延长了文物的"生命"，还为文化的传播和教育提供了全新的方式。这些技术的融合，在提升文物修复精准度和保护效率的同时，也在全球范围内推动了文化遗产的交流与共享。

1. 文物数字化的核心价值

文物的数字化保护指的是通过高精度扫描、3D 建模和虚拟现实等技术，将文物的信息数字化存储。这样的数字化过程不仅是对文物当前状态的记录，更是防止因自然灾害或意外损毁导致文化遗产消失的有效手段。在数字空间中，文物可以被完整地复现，并通过多媒体形式呈现给全球受众，这大大拓展了文化传播的范围。

数字化技术还让文物的研究与保护变得更加便捷。传统的文物修复工作常常需要反复测量和比对，而借助 3D 扫描技术，研究人员可以通过虚拟模型精确分析文物的形态和材质，从而为修复提供科学依据。即使是脆弱或不可触碰的文物，数字化技术也能够记录其全部信息，供研究人员和公众远程观看与学习。

2. 人工智能在文物修复中的应用

人工智能技术正在深刻改变文物修复的方式。AI 的模式识别和数据分析能力，使其在修复过程中能够快速判断损坏程度，并提出合适的修复方案。例如，深度学习算法可以根据文物的历史图像或相关档案，预测文物原本的形态，并自动生成修复模型。这不仅提升了修复效率，还减少了人为操作可能导致的误差。

AI 修复技术的应用，尤其适用于大规模的文物保护项目。在历史遗迹和考古发现中，往往存在大量残缺的碎片。传统的修复方法需要修复人员一一拼接，而人工智能算法能够通过图像识别技术，将碎片自动匹配，并模拟出文物的原始结构。这一过程不仅加快了修复速度，也让更多的文化遗产得以恢复其原貌。

3. 数字化修复与文化真实性的平衡

尽管 AI 和数字化技术为文物保护带来了诸多便利，但在实际应用中也面临着关于文化真实性的争议。部分学者担心，人工修复可能导致文化遗产的"再创造"，使其失去原有的历史价值。因此，在 AI 修复过程中，需要建立严格的技术规范，确保修复结果符合文物的历史背景与文化内涵。

数字化技术的使用也需要考虑伦理问题。文物的数字模型虽然能够被无限复制与传播，但其原始价值和文化背景不可忽视。如何在虚拟与现实之间找到平衡，使数字化文物既能作为教育资源，又不损害其文化内涵，是文物保护领域需要深入思考的问题。

4. 多元合作中的数字化保护实践

文物的数字化保护与修复，离不开跨学科合作与国际交流。在这一过程中，不同领域的专家需要共同参与，从考古学、历史学到计算机科学，为文物保护提供全方位的支持。同时，数字化项目的成功也依赖于技术供应商、文化机构和政府部门之间的协同合作。

在国际层面，数字化文物还促进了文化遗产的共享与交流。例如，中国与多个国家和组织合作，共同开展了长城、敦煌莫高窟等项目的数字化工作。这些项目不仅提升了文物保护的水平，还推动了文化间的相互理解与认同。

文物的数字化保护与 AI 修复技术，正在为文化遗产的传承与发展创造更多可能性。这些技术不仅增强了文物修复的科学性与精准度，也为文化的传播和教育带来了全新的体验。

5.2.2　博物馆智能导览与数字文化体验

在现代博物馆中，智能导览系统已经成为提升参观者体验的关键工具。这一系统通过结合人工智能、增强现实（AR）与虚拟现实（VR）等技术，赋予参观者更为个性化的文化体验。智能导览不仅仅是信息的呈现，它利用多维互动手段，使参观者得以深入理解展品背后的历史与文化价值。尤其在传播中华优秀传统文化方面，智能导览与数字化技术的结合，为博物馆提供了全新的传播手段和展示形式。

1. 智能导览的技术优势与应用

智能导览技术通过使用定位系统、数据分析和语音识别技术，能够实现对参观者行为的精准追踪。参观者在博物馆内移动时，系统能够根据他们的位置信息自动提供相关展品的解说，并根据参观者的兴趣与行为数据，推荐个性化的参观路线。这种智能化的导览方式，不仅优化了参观体验，还提升了博物馆的管理效率。

例如，在一些历史文化展览中，参观者不仅可以听取语音导览，还可以通过 AR 技术在手机或导览设备上看到复原的历史场景。这种结合了虚拟场景与现实展品的展示方式，能够使传统文化以更加生动的形式呈现出来，帮助参观者在数字空间中重新体验失传的建筑、服饰和习俗。AR 技术不仅提升了视觉体验，还加深了参观者对文化背景的理解。

此外，智能导览的语言识别和翻译功能，使得中华文化能够更为顺畅地进行国际传播。通过实时翻译系统，国际游客能够轻松了解每一件展品的历史背景与文化意义。这不仅使博物馆更具全球吸引力，也为中华文化的传播搭建了跨文化的桥梁。

2. 数字文化体验中的沉浸感与互动性

智能导览与数字文化体验的结合，不仅仅是信息的传递，更重要的是互动性与沉浸感的提升。参观者通过触摸屏、AR 眼镜或 VR 设备，可以以更具参与感的方式探索展品。例如，在介绍中国古代建筑时，VR 设备可以让参观者"走进"故宫的庭院，感受其空间布局与建筑工艺。这种全方位的沉浸式体验，能够激发参观者的兴趣，并加深他们对中国传统建筑文化的理解。

沉浸体验不仅限于视觉，听觉、触觉等多感官的参与也是数字文化体验的重要组成部分。通过智能导览系统，参观者可以在某些展品前进行虚拟的操作或互动。例如，在中国古琴文化展中，参观者可以通过虚拟古琴进行弹奏体验，听到古琴发出的声音。这种基于文化内涵的互动方式，不仅能够增加参观者的参与感，还为文化的传承与推广提供了更加灵活的手段。

这种互动性在数字化文化体验中的优势尤为明显。传统的静态展览，往往只提供了有限的视觉信息，而智能导览结合数字化互动技术，可以将文化背后的动态过程展示出来。例如，可以通过智能系统模拟中国书法的笔法和书写过程的呈现，使参观者不仅看到最终的作品，还能亲历书写的每一步。这种体验式的传播手段，增强了文化的传递效果，也为年轻一代提供了接触传统文化的新途径。

3. 案例分析：故宫博物院的数字化转型与智能导览

故宫博物院作为中华文化的象征，近年来积极推进数字化转型与智能导览系统的建设。通过引入智能技术，故宫不仅提升了参观体验，还实现了中华文化的全球传播。

故宫的智能导览系统结合了 AI 语音识别、数据分析与 AR 技术。参观者通过佩戴 AR 眼镜，可以在参观过程中看到故宫的历史场景复原，并得到详细的解说。例如，当游客走到太和殿时，AR 眼镜会自动显示太和殿在不同朝代的功能与装饰变化，使游客能够通过增强现实技术直观地感受到历史的变迁。这样，故宫不仅展示了作为古代宫殿的建筑美学，还通过智能导览系统呈现了其背后的历史文化意义。

此外，故宫还推出了多语言实时翻译系统，使得不同语言背景的游客能够轻松理解展品的文化内涵。这一技术的应用，使得故宫博物院成为国际游客的热门文化目的地，增强了中华文化的全球吸引力。

故宫还在其数字化博物馆中引入了互动性极强的虚拟参观体验。通过 VR 技术，用户可以在全球任何地方通过网络参观故宫的每一个角落，甚至探索无法对外开放的区域。智能导览系统根据用户的操作行为，动态调整推荐的参观路线，并通过 AI 生成个性化的解说内容。这种基于 AI 和 VR 技术的创新，不仅扩展了文化传播的渠道，还打破了时间和空间的限制，让更多人有机会接触和了解中华文化。

4. 智能导览对文化传承的促进作用

智能导览系统与数字文化体验的结合，为中华文化的传承提供了更加丰富的载体。通过智能技术，博物馆展品背后的文化故事得以生动呈现，使得文化的传递不再是静态的信息传递，而是通过多感官的参与和互动，实现了文化体验的沉浸化和情境化。这不仅增强了参观者的文化认同感，也使得中华文化的传播更加深入人心。

智能导览对文化传承的促进作用还体现在它对年轻一代的吸引力上。随着数字化技术的普及，传统的静态展览形式已经难以满足年轻参观者的需求。而通过智能导览与数字文化体验的结合，博物馆能够吸引更多年轻人关注和学习中华传统文化。虚拟现实、增强现实和游戏化互动体验的加入，使得博物馆展览变得更加有趣和富有吸引力，为文化的延续和传承提供了强有力的支持。

博物馆智能导览系统与数字文化体验的结合，极大提升了文化传播的深度与广度。通过沉浸式、互动性强的文化体验，参观者能够更好地理解和感受中华文化的丰富内涵。这一技术不仅推动了博物馆的现代化进程，也为中华文化的全球传播和传承开辟了新的路径。

5.2.3 智能导览中的 AI 语音技术应用

AI 语音技术正在重新定义文化传播和游客体验，尤其在博物馆与文化遗产的导览领域展现出重要价值。通过自然语言处理（NLP）、语音识别和大数据分析，智能语音导览系统不仅能解读展品信息，还能根据用户需求进行实时调整，提供高度个性化的服务。AI 语音导览技术通过互动与沉浸的方式，使传统文化的传播更加生动而多样。

1. 智能语音导览的核心价值

智能语音导览系统区别于传统导览方式，它不仅通过语音呈现丰富的文化信息，还允许游客与系统进行实时互动。用户可通过语音指令获取具体展品的历史和艺术背景，同时根据个人兴趣深入探索不同的主题。语音系统不仅是单向的信息传递工具，更是文化体验的参与媒介。这种模式让游客在感官上融入文化场景，激发了更高的参与度和学习兴趣。

该系统的多语言支持也显著提升了跨国游客的参观体验。不同文化背景的游客可以通过 AI 语音系统以母语接受解说，使文化传播更具包容性。与文字讲解相比，语音导览能够提供更加直观、自然的互动方式，增强了游客与文化之间的情感联系。此外，个性化推荐功能为每位游客提升了独特的参观体验，从而提高了整体的满意度和体验深度。

2. 个性化体验与数据反馈

AI 语音导览不仅能为游客提供通用的解说内容，还能够基于用户行为数据进行个性化推荐。系统通过分析游客的参观路径、语音指令及停留时间，了解其兴趣偏好，从而推荐相关展品与主题信息。例如，如果某位游客在欣赏中国瓷器时停留较久，导览系统可以主动介绍更多瓷器展品的背景，并引导其前往类似的展厅。通过这种个性化服务，游客能够在参观过程中发现更多感兴趣的内容。

数据反馈机制的引入使导览系统具备了自我优化的能力。系统会收集游客的行为数据与语音反馈，并结合大数据分析持续改进讲解内容和推荐逻辑。这种反馈机制确保了导览系统能够跟随游客需求的变化不断升级，使文化传播更加精准和有效。

3. 案例分析：敦煌莫高窟的智能语音导览

敦煌莫高窟是中国重要的文化遗产，吸引着大量国内外游客。然而，莫高窟内的壁画和雕塑由于脆弱而限制了游客的停留时间。为解决这一问题，景区引入了 AI 智能语音导览系统，为游客提供高效而丰富的文化体验。

该系统利用语音识别和自然语言处理技术，让游客通过语音指令深入了解莫高窟的艺术与历史背景。当游客在参观某一壁画时，导览系统能够识别出游客的需求，并根据壁画的内容提供个性化讲解。例如，面对一幅佛教题材的壁画，系统不仅会讲解佛教艺术的风格演变，还会介绍其在丝绸之路上的传播背景。游客还可通过语音询问问题，导览系统会即时给予回应，进一步丰富参观体验。

为了服务国际游客，莫高窟的智能导览系统支持多语言讲解，包括英语、法语和日语等多种语言。系统根据游客的语音设置自动切换语言，确保国际游客能够无障碍地体验敦煌文化。此外，系统还配备了虚拟导航功能，帮助游客在景区内自由探索，减少了对人工导游的依赖。

通过智能导览系统，莫高窟不仅实现了游客体验的提升，还加强了对文化遗产的保护。由于壁画和雕塑的脆弱性，景区限制了游客的参观时间，而 AI 语音导览帮助游客在有限时间内高效了解莫高窟的艺术与历史价值。这种科技与文化的深度融合，不仅让文化传播更具吸引力，还提高了文化遗产保护的水平。

4. 技术与文化传播的融合

智能语音导览系统将技术与文化传播紧密结合，为游客提供了互动性更强的文化体验。AI 语音技术不仅传递了文化信息，还通过个性化服务提升了参观的趣味性和深度。这一创新模式改变了传统的文化传播方式，使游客不仅是文化的接收者，更是参与者与探索者。

与此同时，智能语音导览系统的普及也对文化传播提出了新的挑战。系统设计需要在信息深度与趣味性之间取得平衡，确保内容既有学术价值又能吸引大众。此外，不同文化背景下的内容调适也十分重要，导览系统需要根据游客的文化认知与语言习惯进行动态调整，以避免误解和文化冲突。

敦煌莫高窟的智能语音导览系统展示了 AI 技术在文化传播中的巨大潜力。通过个性化服务、多语言支持与互动体验，这一系统大幅提升了游客的参观体验，同时促进了文化遗产的保护与传播。AI 语音导览正逐步成为文化传播与体验创新的重要工具，为文化传播方式带来新的变革。

5.3　人工智能与文化节庆的全球推广

5.3.1　传统节庆的智能传播与全球化推广

人工智能技术的迅速发展，为传统节庆的传播和全球化推广带来了全新的路径。传统节庆是中华文化的重要组成部分，承载着历史、宗教、民俗等多重文化内涵。然而，在全球化的语境中，不同文化背景下的受众对这些节庆的认知与接受程度各不相同。人工智能通过个性化推荐、大数据分析和沉浸式体验，提升了节庆文化的传播效果，使其能够超越地域和文化边界，成功吸引更多国际受众的关注。

1. 数据驱动的节庆推广

大数据分析在节庆文化的传播中扮演着重要角色。通过对社交媒体平台、线上用户行为和市场偏好的数据分析，人工智能系统能够精准识别不同地区用户的兴趣与需求，从而制定符合市场特点的推广方案。例如，AI 可以通过分析不同国家对春节、端午节或中秋节的认知度和参与度，确定每一个节庆在全球市场中的传播重点。这种精准的数据分析，确保了节庆文化传播的效率和影响力。

智能推荐系统也在节庆推广中发挥了重要作用。用户在社交媒体或电商平台上的浏览和搜索行为，为 AI 提供了数据支持，系统基于此自动推送与节庆相关的内容或商品。无论是节庆的文化故事、活动安排，还是与节庆相关的食品、服饰，AI 都能根据用户的兴趣提供个性化推荐。这一过程不仅增强了用户参与节庆的积极性，还促进了相关文化产品的消费，进一步扩大了节庆文化的影响范围。

2. 沉浸式体验与虚拟节庆活动

人工智能与虚拟现实技术的结合，使得传统节庆文化能够以更加生动的形式呈现于世界各地。虚拟现实（VR）和增强现实（AR）技术，突破了时间和空间的限制，为用户提供了沉浸式的节庆体验。例如，用户通过 VR 设备可以"参与"北京故宫的春节庙会，感受中国传统年俗的热闹氛围。在海外市场，AR 技术也被用于将中秋节的传统活动，如赏月和猜灯谜等，生动地呈现在用户的手机屏幕上。

这种沉浸式体验不仅拉近了国际用户与中华文化的距离，还增强了节庆文化的吸引力和感染力。在全球化传播的过程中，文化内容的沉浸感和交互性至关重要。AI 驱动的沉浸式节庆体验，为国际用户提供了感知和理解节庆文化的机会，使他们能够亲身体验中国的节庆习俗和传统精神。

3. 案例分析：AI 驱动的春节全球推广

春节作为中国最具代表性的传统节庆，近年来通过人工智能技术实现了全球化推广。以中国旅游局与各大科技企业的合作为例，AI 在春节推广项目中发挥了核心作用。项目团队通过对海外市场的用户行为数据进行分析，制定了针对性推广方案。在欧美市场，推广重点放在春节的家庭团圆和庆祝文化上；而在东南亚国家，春节的商业价值和文化符号成为宣传的核心。

春节推广中还运用了智能生成内容（AIGC）技术。AI 系统生成了大量与春节相关的短视频、广告文案和社交媒体帖子，并根据不同市场的语言和文化特点进行调整。这些内容通过多平台传播，吸引了大量海外用户的关注。例如，在 Facebook 和 Instagram 等平台上，AI 推送的春节祝福短视频获得了数百万次观看量，用户积极参与互动并分享自己的节庆体验。

此外，虚拟春节活动也成为推广的重要手段。在新冠肺炎疫情期间，中国文化推广机构与海外博物馆和文化中心合作，推出了在线的虚拟春节庙会。用户可以通过 AR 技术参与线上活动，如舞龙舞狮表演、书法教学和年夜饭展示。AI 分析系统实时收集用户的参与反馈，并根据数据动态调整活动内容，确保每个用户都能获得最佳的参与体验。这种虚拟庙会模式，不仅提升了用户的参与感，还在全球范围内扩大了春节的影响力。

4. 跨文化传播中的挑战与应对

虽然人工智能在节庆推广中展现了强大的能力，但跨文化传播依然面临诸多挑战。不同文化背景的用户对节庆文化的接受程度和理解深度各不相同，这可能导致文化误读甚至文化冲突。AI 系统需要在内容设计和推广策略上进行语境调适，确保文化信息能够在不同文化圈层中正确传达。例如，春节的"红色"在中国文化中象征吉祥，但在一些西方国家则与警告或危险相关。针对这种文化符号的差异，AI 系统可以通过智能算法进行调整，将不同文化的象征系统融入内容设计中。

此外，节庆推广的商业化也需要适度控制。在推广过程中，如果过度强调节庆的商业价值，可能会削弱其文化内涵。因此，AI 系统在制定推广策略时，应平衡文化传播与商业利益之间的关系，确保节庆推广不仅传递文化价值，也能够实现商业目标。

人工智能技术为传统节庆的全球化传播提供了创新路径。通过大数据分析、智能推荐和沉浸式体验，AI 增强了节庆文化的吸引力和参与度。在春节的推广案例中，可以清晰地看到 AI 在文化传播中的应用潜力，以及其应对跨文化传播挑战的能力。这种科技与文化的结合，使传统节庆焕发出新的生机。

5.3.2 智能化技术与节庆文化的创新表现形式

智能化技术的飞速发展，为节庆文化的创新提供了全新路径。传统节庆文化往往依赖于特定时间、地点和仪式进行传播，而智能技术的应用打破了这些限制，使节庆文化得以以全新的形式在更广泛的空间传播。通过虚拟现实（VR）、增强现实（AR）和人工智能的综合运用，节庆文化变得更加生动、互动性更强，同时也更能吸引年轻群体的参与。

1. 数字技术赋能下的节庆文化体验

虚拟现实（VR）技术让用户能够沉浸式参与节庆活动。用户戴上 VR 设备后，即可进入一个完全模拟的节庆场景，无论他们身处何地，都能感受到节庆的氛围。这种技术使中国的传统节庆，如春节、元宵节和端午节等以数字形式重现，并向全球用户开放体验。又如，通过 VR 再现的庙会场景，用户不仅可以参与游览，还可以观看传统戏剧表演或学习制作手工艺品。这种身临其境的参与，使得传统节庆文化在国际传播中更加富有吸引力。

增强现实（AR）技术则增强了节庆文化与现实生活的融合。在手机或 AR 眼镜的辅助下，用户可以在现实环境中看到节庆符号和元素的虚拟叠加。例如，在元宵节期间，用户通过手机扫描某些街景或物品，便能看到虚拟的花灯或舞狮表演。这种技术让节庆文化与日常生活相结合，使传统文化以更为亲近的方式进入人们的视野。

2. 人工智能驱动的个性化节庆互动

人工智能技术为节庆活动的互动性和个性化提供了支持。通过大数据分析，AI 可以了解用户的兴趣和偏好，并根据这些信息提供个性化的节庆活动建议。例如，在春节期间，AI 系统可以根据用户的家庭结构和传统习惯，推荐适合他们的活动，如线上团圆饭、拜年视频或虚拟红包互动。AI 驱动的个性化服务，让传统节庆在数字环境中焕发出新的生命力。

虚拟助手和 AI 聊天机器人也在节庆文化传播中发挥了重要作用。这些智能助手可以为用户提供节庆的背景知识、习俗介绍和活动指南，并与用户进行自然语言对话。例如，用户在春节期间可以询问虚拟助手有关节日的典故、诗词或文化符号的来历。AI 不仅让用户更深入地了解节庆文化，还增强了用户与传统文化之间的互动和共鸣。

3. 线上线下融合的节庆创新

智能技术的应用打破了线上和线下的界限，为节庆文化创造了融合的创新形式。节庆活动不再局限于特定的地理位置，而是通过智能平台实现了全球化的共享。例如，通过直播技术和社交媒体平台，春节联欢晚会可以同步传递给世界各地的观众。观众不仅可以实时观看，还可以通过弹幕与其他观众互动，参与节目投票或评论。这种实时的互动体验，增强了节庆文化的参与感和连接感。

数字平台还支持用户在虚拟环境中举办节庆活动。人们可以在元宇宙中创建虚拟的聚会空间，邀请亲友参加虚拟的春节宴会或放烟花庆祝。这种线上线下融合的方式，使得远距离的亲友也能一起参与节庆活动，打破了时间和空间的限制。

4. 节庆文化传播中的跨文化调适

智能技术还推动了节庆文化的跨文化传播。在全球化的背景下，不同文化对节庆符号和习俗的理解可能存在差异。AI 技术的引入，帮助传播者根据不同文化的语境，调整节庆文化的内容和呈现方式。例如，在向西方市场推广春节文化时，AI 可以分析当地用户的文化习惯，并根据这些信息提供更符合当地口味的传播方案，如将红包的设计融入西方节日元素。这种智能化的调适机制，避免了文化冲突，提高了节庆文化的国际接受度。

语音识别和自然语言处理技术进一步增强了节庆文化的多语言传播能力。通过智能翻译系统，节庆文化的宣传材料和活动内容可以快速准确地翻译成多种语言。这不仅打破了语言障碍，还让不同国家的用户能够更深入地了解中国的节庆文化。

5. 技术与节庆文化传承的共生

智能化技术不仅为节庆文化带来了创新表现形式，也为文化传承提供了新的工具。在传统节庆中，一些民俗技艺和仪式正逐渐被遗忘或简化。智能技术通过数字化手段，将这些传统内容保存和展示在数字平台上，确保其得以传承。例如，AI 技术可以记录并模拟传统手工艺的制作过程，使年轻一代能够在线学习并继承这些技艺。这种智能化的文化传承方式，增强了节庆文化的可持续性。

同时，智能技术的使用也促进了节庆文化的创新发展。在节庆活动的策划和实施中，AI 能够提供数据分析和趋势预测，帮助传播者更好地了解用户需求和市场变化。这种基于数据的决策，使节庆文化能够与时俱进，吸引更多的受众参与。

智能化技术赋予节庆文化新的表现形式，使其在全球化的语境中展现出更大的活力和吸引力。通过数字化创新与线上线下融合，节庆文化得以超越传统的时间和空间限制，实现更广泛的传播和传承。

5.3.3 国际节庆文化与 AI 互动推广模式

国际节庆文化作为跨国文化交流的重要媒介，日益成为连接不同国家、促进相互理解的桥梁。这些节庆活动不仅是文化展示的舞台，更是历史传承、地域特色与社会价值观的集中体现。在人工智能技术的推动下，节庆文化的传播模式发生了显著变化。AI 通过智能化推广、精准数据分析与互动式体验，提升了国际节庆文化的传播广度与深度，使其更具吸引力与包容性。

1. 人工智能赋能的精准推广

人工智能技术在国际节庆文化的推广中展现了极大的优势。通过大数据分析，AI 能够精准识别不同国家和地区用户的文化偏好和节庆需求，制定个性化的传播策略。这种精准推广模式不仅提高了节庆文化传播的效率，还增强了受众的参与感和满意度。

例如，在推广中国春节等传统节庆时，AI 可以分析目标市场的用户数据，找出对中国文化感兴趣的群体，并制定针对性的宣传方案。与此同时，基于用户的兴趣标签与社交行为，AI 还能通过算法生成动态广告和个性化内容推送，使节庆文化在全球市场中精准触达目标用户。

2. AI 驱动的沉浸式体验与互动

沉浸式体验是 AI 赋能节庆文化推广的重要方式。虚拟现实（VR）、增强现实（AR）和混合现实（MR）技术为用户创造了全新的文化体验。通过这些技术，用户可以在虚拟世界中"参与"节庆活动，例如在家中体验元宵节灯会的热闹氛围，或在虚拟空间中欣赏春节庙会的表演。这种沉浸式体验打破了时间与空间的限制，让更多人能够感受到节庆文化的魅力。

AI 还赋予了节庆活动更多的互动性。智能语音助手和聊天机器人可以实时回答用户的问题，提供关于节庆习俗和历史的详细信息。用户还可以通过虚拟平台参与节庆活动，例如参与在线的舞狮表演或数字红包互动。这种互动式的推广模式不仅提升了用户的参与感，也增强了节庆文化的趣味性和传播效果。

3. 数据驱动的传播效果优化

大数据在国际节庆文化推广中的应用，不仅提升了传播效率，还使得推广效果的评估更加科学。AI 系统通过对社交媒体、搜索引擎和电子商务平台上的用户数据进行分析，实时监测节庆文化的传播效果。这些数据为文化传播者提供了详细的反馈，使他们能够根据用户的行为和偏好，及时调整推广策略。

此外，AI 还能够预测节庆文化传播中的潜在风险，避免可能出现的文化误读和争议。例如，在推广过程中，如果某一节庆符号或习俗引起了部分用户的不满，AI 可以迅速分析相关舆情，并提供应对方案。通过这种数据驱动的优化机制，节庆文化的传播更加平稳高效，减少了文化冲突的可能性。

4. AI 与国际合作中的文化包容性

国际节庆文化的推广涉及多元文化之间的交融与互动。在这一过程中，文化包容性是确保传播效果的重要因素。AI 技术通过多语言翻译系统和文化适应算法，使得节庆文化内容能够在不同语言和文化背景下无障碍传播。AI 翻译不仅关注语言层面的准确性，还能够根据目标市场的文化特点，对节庆内容进行语境化的调整，避免误解和冲突。

此外，AI 驱动的文化推广模式还能够促进中外文化之间的对话与合作。在国际节庆活动中，不同国家的文化内容可以通过 AI 技术进行智能化组合，形成跨文化的节庆体验。例如，中国的春节庆典可以与其他国家的新年庆祝活动融合，形成多元文化共存的节日庆典。这种创新性的合作模式，不仅增强了节庆文化的包容性，还提升了其在国际市场中的吸引力。

5. 技术与传统之间的平衡

尽管 AI 技术为节庆文化的推广带来了诸多优势，但如何在技术创新与文化传统之间实现平衡，是推广过程中的重要课题。节庆文化的核心在于其传统性与仪式感，这些特质不应被科技手段所掩盖。因此，在推广过程中，AI 的应用需要遵循文化本身的逻辑与内涵，确保技术手段与文化价值的协调统一。

例如，在利用 AI 技术重现传统节庆仪式时，应尽量保留其原有的形式与内涵，避免为了追求新奇而破坏其文化意义。AI 应作为文化推广的辅助工具，而非替代者。只有在尊重传统的基础上，合理运用智能技术，才能实现技术与文化的有机融合。

AI 赋能的国际节庆文化推广模式，通过精准推广、沉浸体验、数据优化与文化包容性，实现了文化传播的创新与提升。这种互动式的推广方式，不仅拓展了中华节庆文化的国际影响力，也促进了不同文化之间的理解与交流。

第 6 章

人工智能助推中华文化的全球传播策略

在全球化的大背景下，中华文化的全球传播至关重要。人工智能技术的发展为传播策略的制定与实施带来了新的契机。如何巧妙运用数字平台与智能算法，实现文化内容的精准分发？怎样优化多元传播渠道，提升传播效果？又该如何在跨文化交流中，借助人工智能促进文化的双向融合，避免伦理问题？本章将围绕这些关键问题，深入探讨人工智能助推中华文化全球传播的有效策略。

6.1　人工智能的文化传播路径设计

6.1.1　数字平台与智能算法的内容分发策略

在信息技术飞速发展的背景下，数字平台成为文化传播的关键阵地，而智能算法则构建了内容分发的新模式。这些技术的结合不仅提升了传播的效率和广度，还使得文化内容能够更加精准地触及目标受众。特别是对于中华优秀传统文化而言，如何通过智能化的分发策略，在全球市场中实现更为高效的传播，成为当下重要的研究课题。

1. 数字平台的功能与价值

数字平台集成了多种传播媒介与交互工具，使用户能够快速获取多元化的文化信息。这些平台不再局限于传统的文字或图像形式，而是涵盖了短视频、直播、虚拟现实等多种表达方式。通过这些多媒体渠道，中华文化的传播形式变得更加生动、有趣，吸引了不同文化背景的用户。

此外，数字平台的开放性与去中心化特点，使得文化内容可以以用户生成内容（UGC）的形式进行传播。这种模式大大拓展了传播主体的范围，使普通用户也能够参与到文化内容的创造与传播中。数字平台通过用户之间的互动与分享，形成了强大的传播网络，加速了文化的扩散与渗透。

2. 智能算法的分发逻辑

智能算法在内容分发中的应用，是实现精准传播的核心技术。这些算法通过分析用户的行为数据和兴趣标签，为用户推荐符合其喜好的文化内容。基于机器学习的推荐系统，不仅能够捕捉用户的偏好变化，还可以预测用户的未来需求，从而实现动态的内容分发。

个性化推荐系统在推广中华文化时，能够针对不同地区、年龄和兴趣群体提供差异化的内容。以短视频平台为例，AI 算法可以根据用户的观看历史和互动记录，为其推送与中国节庆、传统艺术或历史文化相关的视频。这种精准推送不仅提升了用户的参与度，也加深了他们对中华文化的了解。

3. 内容分发中的数据反馈与优化

智能算法并非一成不变，而是依赖于用户的反馈不断进行优化。在内容分发的过程中，用户的每一次点击、评论与分享，都会为算法提供数据支持。这些数据通过深度学习模型进行分析，为系统的优化提供了依据。AI 不仅能够识别出用户对不同文化内容的兴趣程度，还可以根据传播效果的分析结果，调整内容的推荐策略。

通过数据反馈机制，文化传播者可以实时了解哪些内容受到欢迎，哪些内容需要调整。智能算法的应用使得传播策略的优化变得更加精准，确保中华文化的传播能够不断适应市场的变化。基于数据的反馈与调整，不仅提高了内容的传播效率，还促进了用户与文化之间的深度互动。

4. 多元文化背景下的语境适应

在全球化的传播环境中，内容分发策略必须考虑不同文化背景下的语境适应问题。智能算法可以通过语义分析技术，识别不同语言和文化中的细微差异，调整内容的呈现方式。例如，在推广中国春节文化时，针对不同国家用户的推荐内容可能会有所区别。对熟悉中国文化的用户，可以推送关于春节传统习俗的深度解读，而对于不了解春节的用户，则可以推送简化版的节庆介绍。

这种语境适应能力，有助于减少文化传播中的误解和冲突，提升文化内容的包容性和接受度。智能算法通过数据分析，动态调适文化内容的呈现方式，使其更加贴合目标受众的文化语境。

5. 数字平台与智能算法的协同效应

数字平台与智能算法之间的协同效应，为文化传播提供了强大的技术支持。平台的数据采集能力与算法的分析能力相结合，实现了文化内容从生产到传播的全流程优化。数字平台通过智能算法的支持，不仅能够为用户提供个性化的内容推荐，还可以根据用户的反馈进行内容的精准优化。

这种协同效应体现在多个方面。一方面，智能算法使平台的内容管理更加高效，减少了无效信息的干扰；另一方面，平台的开放性与互动性，为算法的优化提供了更多的数据支持。这种相互促进的关系，使得文化传播的路径更加清晰，效果更加显著。

6. 策略实施中的挑战与应对

尽管数字平台与智能算法在内容分发中展现了巨大潜力，但其应用过程中也面临着一些挑战。首先是数据隐私与安全问题。在采集和分析用户数据的过程中，如何保障用户的隐私权，是内容分发策略必须解决的重要问题。其次是文化多样性与同质化之间的矛盾。智能算法在推荐内容时，往往倾向于推送用户感兴趣的内容，这可能导致用户接触到的文化内容趋于同质化，削弱了文化的多样性。

为应对这些挑战，内容分发策略需要在数据采集与隐私保护之间找到平衡，同时通过算法优化，确保文化内容的多样性得到充分展现。此外，数字平台应加强与用户的互动，鼓励用户参与内容的创造与分享，形成多元化的文化传播生态。

数字平台与智能算法的协同，为文化内容的精准分发与传播提供了强有力的技术支持。通过数据反馈与动态优化，这一分发模式不仅提升了传播效率，还促进了用户与文化之间的深度互动。在全球化背景下，智能化的分发策略将中华文化的传播推向了新的高度。

6.1.2　人工智能优化的多元文化传播渠道

多元文化传播是指通过不同的媒介和渠道，将多样化的文化内容传递给全球不同背景的受众。这一过程不仅需要语言和媒介的适配，更需要应对不同文化价值观和传播习惯的挑战。在这一领域，人工智能技术展现出了极大的应用潜力。通过智能分析、多平台整合和内容优化，AI 大大提升了文化传播的效率与精准性，确保文化内容能够在全球范围内实现更为广泛且有效的传播。

1. 多元文化传播的挑战与复杂性

多元文化传播的复杂性在于，不同国家与地区的文化传统、价值观念和信息接收方式存在显著差异。例如，西方国家更倾向于简洁明了的信息表达，而东方国家则重视情感的蕴含与间接表达。与此同时，传播渠道的多样性和碎片化也加大了文化传播的难度。社交媒体、传统媒体、短视频平台和电子书等渠道的并存，使得如何在不同平台间实现内容的协调与适配，成为文化传播的一大挑战。

在这一背景下，传统的文化传播方式往往难以同时满足不同市场的需求。过于单一的传播路径可能导致部分文化内容在某些地区遭遇接受度低下的问题，甚至引发误解或文化冲突。因此，需要一种能够整合多元传播渠道、动态适应多样化文化需求的技术手段，以确保文化传播的精准性与包容性。

2. 人工智能在多平台传播中的整合优势

人工智能技术为多元文化传播的渠道整合提供了新的可能性。AI能够通过数据分析和机器学习模型，识别不同平台的用户行为特征与内容需求，并根据这些数据制定个性化的传播策略。例如，AI 可以在社交媒体上分析用户的兴趣标签和浏览习惯，从而在短视频平台上推送符合用户偏好的文化内容。这种跨平台的整合能力，不仅提高了文化传播的效率，也提升了用户的参与感与粘性。

智能推荐系统的应用进一步优化了文化内容的分发路径。在内容繁多、信息密集的时代，如何将合适的内容推送给适合的用户，成为文化传播的关键问题。人工智能通过分析用户的历史浏览记录和交互数据，预测用户可能感兴趣的文化内容，并在适当的时间推送相关信息。这种精准推荐机制，确保了文化内容在海量信息中不被淹没，实现了有效的传播。

3. 内容的智能生成与本土化调适

人工智能在文化传播中的另一大优势在于其内容生成和本土化调适能力。AI 生成内容（AIGC）技术不仅可以快速生产大量的文化素材，还能够根据不同市场的需求，对文化内容进行本土化调整。例如，在推广中国文化时，AI 可以根据目标市场的文化偏好，自动生成符合当地语言与文化习惯的宣传材料。这样不仅避免了因文化差异带来的误解，还增强了受众对文化内容的接受度。

AI 在内容生成中的作用还体现在对不同媒介的适配能力上。不同的传播平台对于内容的格式和风格有不同的要求，如文字、图片、音频、视频等形式的选择。人工智能能够根据平台的特点，对文化内容进行格式转换与风格优化，使其更加适应平台生态。例如，在短视频平台上，AI 可以生成更加简洁生动的文化介绍，而在电子书平台上，则提供更加深入详尽的内容展示。

4. 数据反馈与动态优化机制

多元文化传播渠道的有效运行，离不开数据反馈与动态优化机制的支持。人工智能系统通过实时监测文化传播的效果，收集用户的反馈数据，并根据这些数据进行动态优化。例如，如果某一文化内容在某地区的点击量或互动率较低，AI 系统会自动调整内容的呈现方式或更换传播渠道。这种数据驱动的优化机制，确保了文化传播的灵活性与持续性。

此外，AI 还能通过情感分析技术，识别用户对文化内容的情感反应，从而提供更为精准的内容优化方案。通过对用户评论、社交互动和媒体报道的情感分析，AI 系统可以判断文化内容是否在传播过程中引发了积极反响，或者是否存在潜在的文化冲突风险。这些数据为文化传播者提供了科学依据，使其能够及时调整传播策略。

5. 跨文化传播中的智能调适与包容

在多元文化传播中，如何实现不同文化之间的互相理解与包容，是一个重要的议题。人工智能技术在这一过程中扮演了智能调适的角色。AI 通过分析不同国家和地区的文化特点，动态调整传播内容的表达方式，以适应多元文化的需求。例如，在推广中国节庆文化时，AI 系统会根据各地的文化习俗，对宣传内容进行语境化处理，使其更加符合当地受众的文化认知。

AI 的智能调适能力，还体现在对多语言翻译的支持上。不同语言的表达习惯和语法结构各异，直接翻译往往难以传达文化内容的深层含义。人工智能通过上下文语义分析与自然语言生成技术，实现了更加准确的多语言翻译与语义转换。这不仅提升了文化内容的传播效果，也促进了不同文化之间的理解与交流。

人工智能的介入，使多元文化传播渠道的整合与优化成为可能。通过智能分析、内容生成与动态优化，AI 技术确保了文化传播的精准性与包容性，为中华文化的国际传播创造了更加广阔的空间。

6.1.3　社交媒体与中华文化传播的整合路径

社交媒体在全球范围内的广泛普及，使其成为文化传播的重要渠道。对中华文化的国际传播而言，社交媒体提供了高效的传播路径与广泛的用户触达能力。然而，如何将社交媒体的特点与文化传播的目标有机整合，并在数字化语境中保留文化的深度与内涵，是一个复杂且值得深入探讨的问题。通过智能化运营、内容创新与用户互动的协同，社交媒体能够成为推动中华文化传播的重要动力。

1. 数字时代的文化传播挑战与机遇

一方面，社交媒体的即时性与碎片化传播特性，为文化传播带来了新机遇。然而，这种传播形式也带来了挑战。中华文化内容往往具有高度的历史厚重感与哲学深度，与社交媒体追求的简洁、快速信息传播模式存在一定的张力。因此，如何在保持文化核心价值的同时，适应社交媒体的传播逻辑，是整合路径设计中的关键任务。

另一方面，社交媒体的互动性与传播速度，为中华文化的全球推广提供了新平台。短视频平台如抖音（TikTok）和 YouTube，使传统艺术、节庆习俗、非遗项目等文化内容得以以创新形式呈现，并迅速传播至世界各地。用户的即时参与与反馈，进一步丰富了文化传播的内涵，使其成为多元文化交流的重要节点。

2. 数据驱动的智能传播策略

通过大数据与人工智能技术的结合，社交媒体的文化传播策略能够实现精准优化。AI 算法能够分析用户的兴趣标签与行为数据，根据不同受众群体的需求推送个性化的文化内容。这种基于数据的精准传播模式，使得中华文化的传播效率大幅提升。例如，喜爱古典文学的用户可能会收到与唐诗宋词相关的短视频，而对武术文化感兴趣的用户则会看到与太极或少林功夫相关的内容。

智能化推荐系统不仅提升了传播的精准性，还促进了文化内容的多样化。通过智能算法的辅助，冷门但富有深度的文化内容也有机会在社交平台上得到推广。例如，一段关于中国传统雕版印刷技艺的短视频，原本可能不容易获得广泛关注，但在 AI 推荐的推动下，能够触及那些对传统手工艺感兴趣的全球用户群体。

3. 文化内容的创新设计与表现形式

在社交媒体语境中，文化传播需要注重内容的创新设计。传统的叙事方式和表现形式，难以完全适应数字化传播的节奏。文化传播者需要通过多样化的内容形式，将传统文化的深刻内涵转化为易于理解和传播的符号。例如，将古典文学的精髓与当代流行音乐结合，创作出具有现代感的诗词朗诵视频，可以激发年轻用户对传统文化的兴趣。

短视频和图文内容的创作，需要兼顾趣味性与教育性。通过趣味化的呈现形式，社交媒体上的文化内容能够吸引更多的用户参与互动。例如，在抖音平台上，一些博主通过模仿古代服饰和礼仪，展现中华文化的仪式美感，并与观众进行实时互动。这种创新形式，不仅增强了用户的参与感，还让文化的传播更加生动有趣。

4. 多元互动中的用户赋权与参与

社交媒体的互动性为用户赋予了更大的参与权，推动了文化传播的去中心化。用户不仅是文化内容的接收者，也可以通过点赞、评论和转发，成为传播过程的积极参与者。通过社交媒体的互动平台，用户还能够自发创作与传播文化内容，使文化传播成为一个多向度的过程。这种自下而上的传播模式，增强了文化内容的活力与包容性。

用户的参与还促进了文化的再创造与延伸。在社交媒体上，用户往往会根据自己的理解，对传统文化内容进行创意加工。例如，在春节期间，一些海外用户通过自己的视频作品，展示他们对春节习俗的理解与实践。这种基于个人体验的文化再创造，不仅丰富了文化内容的表现形式，还促进了不同文化之间的理解与交流。

5. 智能监测与风险防控

社交媒体上的文化传播，也面临着内容误读与信息失真的风险。文化内容在跨文化传播中的语义变化，以及社交平台的开放性，可能导致一些误解和争议。因此，需要建立智能化的监测与防控机制，确保文化传播的正确性与连贯性。AI 技术可以通过自然语言处理与舆情分析，实时监测文化传播中的舆论动态，并及时发现潜在的风险。

智能监测系统的应用，不仅能够减少文化传播中的误解与偏差，还能为文化传播者提供有价值的反馈信息。例如，在文化推广活动期间，AI 系统可以监测用户的评论与反馈，了解用户对文化内容的接受度与喜好，从而优化后续的传播策略。这种数据驱动的反馈机制，为社交媒体与中华文化的整合提供了技术支持。

社交媒体与中华文化传播的整合路径，通过智能传播、内容创新与用户互动，实现了文化传播的深度融合与广泛传播。这一整合路径不仅拓展了中华文化的国际影响力，还促进了多元文化之间的理解与交流。

6.2　AI 与国际文化交流的双向融合

6.2.1　人工智能促进文化传播的本土化与全球化

人工智能的迅速发展使文化传播的形式与策略发生了深刻变化。

AI 不仅推动了文化在全球范围内的广泛传播，还促进了内容的本土化与个性化适应。这一双向融合的传播模式，增强了不同文化之间的互动与理解，实现了文化价值的多层次传递。本土化与全球化的平衡成为文化传播中的关键挑战，人工智能的智能算法、数据分析能力及多语言处理技术为应对这一挑战提供了新的工具和思路。

1. 本土化的精准适配

本土化是文化传播过程中实现有效接受的关键环节。不同国家和地区的文化背景、社会习惯与审美取向存在明显差异，因此，文化内容只有在适应这些差异的基础上，才能得到真正的理解与认同。AI 在本土化的传播中，能够通过大数据分析掌握目标市场的文化特征和用户偏好，并以此为基础调整传播内容的呈现方式。

自然语言处理技术（NLP）在本土化中的应用尤为重要。NLP 不仅能帮助文化内容实现多语言翻译，还能够根据语境和文化差异进行智能调整。例如，同样是春节的推广内容，在东南亚市场中可能强调节日的宗教与祈福意义，而在北美市场中则更多关注春节的节庆活动与家庭团聚氛围。这种细致入微的内容调适，确保了文化信息的准确传达与受众的共鸣。

本土化不仅限于语言层面的适应，还包括视觉符号和叙事方式的调整。AI 通过深度学习模型，能够自动识别不同文化群体的符号系统与审美习惯，并根据这些习惯优化文化内容的视觉呈现。例如，在推广中国传统服饰时，AI 可以根据不同地区用户的审美偏好，生成符合当地审美的图片和视频，提高传播内容的吸引力。

2. 全球化传播中的文化融合

全球化的文化传播不仅是单一文化的输出，更是多元文化的交融与共生。AI 在全球化传播中，通过智能推荐系统和跨文化数据分析，使不同文化之间的交流更加频繁与深入。AI 算法根据用户的兴趣与行为轨迹，推荐相关文化内容，鼓励用户了解不同文化背景的艺术、节日与传统。这种基于兴趣的跨文化传播，使得文化交流不再受地域与语言的限制。

在全球化传播中，AI 还通过生成内容（AIGC）实现了文化的创新表达。AI 不仅能够模仿传统文化的表达形式，还能够结合不同文化的元素，创造出具有跨文化特质的内容。例如，AI 可以在音乐创作中融合中国传统乐器与西方电子音乐，形成新的音乐风格。这种跨文化的创新实践，使文化传播突破了传统的界限，为全球用户创造了更多的文化体验。

3. 数据驱动的传播优化

数据分析是 AI 在文化传播中的核心功能之一。AI 系统通过对社交媒体平台、电子商务网站及用户反馈的实时监测，掌握文化传播的动态变化，并根据数据结果优化传播策略。例如，当某一文化内容在特定市场中的表现不如预期时，AI 系统能够迅速识别问题，并提出调整建议。通过数据驱动的优化机制，文化传播者可以在最短时间内作出调整，提高传播效果。

这种数据驱动的优化机制，不仅提升了传播的精准性，也增强了文化内容的包容性。AI 通过分析用户的反馈与评论，了解不同文化背景下的用户需求与感受，并根据这些反馈调整内容的设计与呈现方式。这一动态的优化过程，使得文化传播更加开放与包容，为多元文化的共生提供了技术支持。

4. 本土化与全球化的冲突与调和

尽管 AI 在文化传播的本土化与全球化中发挥了重要作用，但这两者之间的冲突仍然不可忽视。本土化强调文化的独特性与差异性，而全球化则追求文化的普遍性与融合性。这种矛盾使得文化传播在具体操作中面临挑战。例如，当地的文化规范可能限制某些全球流行内容的传播，而全球化的趋势又可能削弱本土文化的影响力。

AI 的任务在于调和这种冲突。通过智能调适系统，AI 能够在本土化与全球化之间找到平衡点。对于具有争议性的文化内容，AI 可以根据市场反馈作出快速调整，避免文化冲突的发生。同时，AI 也能够通过数据分析识别出本土文化与全球文化的交汇点，创造出具有双重吸引力的内容。这种智能化的调和机制，使得文化传播在本土化与全球化之间取得平衡。

5. 技术与伦理的平衡

AI 在文化传播中的应用，不仅是技术的实现过程，也涉及伦理与社会责任。在本土化与全球化的传播中，文化内容的选择与调整需要慎重对待，以避免文化歧视与刻板印象的传播。AI 算法的设计者需要确保算法的公正性与透明性，避免因数据偏差或算法偏见导致文化内容的误导与不公。

此外，AI 在文化传播中的使用，还需要尊重文化的自主性与多样性。文化传播不仅是信息的传递，更是价值观与认同的传递。AI 的任务在于为文化交流提供技术支持，而不是替代文化的自主表达。因此，AI 在设计与应用中，需要始终将文化价值与社会责任置于技术之上，确保技术的应用符合文化传播的初衷与伦理。

人工智能在本土化与全球化的文化传播中发挥了重要作用。通过智能算法与数据分析，AI 实现了文化内容的精准适配与跨文化传播的有效融合。技术与文化的协同发展，使得文化传播在多元文化背景下更加高效与包容。

6.2.2　多文化共存背景下的 AI 调适机制

在全球化深入发展的背景下，文化传播已经超越了传统的单向信息传递，转变为多元文化之间的动态互动。然而，多文化共存的环境也给跨文化传播带来了复杂性和挑战。不同文化之间在符号、价值观与表达方式上存在差异，容易引发误解甚至冲突。人工智能技术的介入，为跨文化传播中的调适提供了新路径。AI 系统能够实时分析受众反馈，优化传播策略，并在多文化背景下实现动态调整。构建有效的AI 调适机制，是确保文化传播顺畅、减少误解与摩擦的关键。

1. 多文化语境中的符号与价值调适

多元文化共存意味着符号与价值系统的多样化。这些符号和价值观在不同文化中承载了不同的含义，而在跨文化传播中，误读或误用这些符号可能会引发负面反应。AI 系统的调适机制，必须具备识别和匹配不同文化符号的能力。通过大数据分析，AI 可以了解不同文化背景用户对某些符号的接受程度，并据此调整传播内容。例如，中国传统的龙象征着权力与祥瑞，但在一些文化中，它可能被解读为危险与毁灭。因此，AI 需要根据传播语境灵活调整符号的使用，避免引发不必要的文化冲突。

价值观的调适同样重要。文化内容的传播不仅是符号的传递，更涉及价值体系的交流。在不同文化体系中，相同的行为或习俗可能因其背后的价值观不同而产生截然不同的解释。AI 调适机制的核心在于理解这些差异，并通过语义分析与情感分析模型，实现价值观的动态匹配。这种基于价值调适的传播机制，能够在多文化背景下促进文化交流的包容性与互信性。

2. 动态反馈与传播路径优化

AI 在多文化传播中的另一个优势在于其基于数据的动态反馈与优化能力。传统的文化传播通常依赖于事前的规划与预设，而 AI 技术使传播过程变得更加灵活和实时。通过对用户行为数据的收集与分析，AI 系统能够发现传播中的障碍与误解，并迅速进行调整。例如，在推广中国春节文化时，如果某一特定表达方式在某些国家引发了负面反馈，AI 系统可以及时分析原因，并推荐更为合适的替代方案。

此外，AI 调适机制可以根据用户的反馈优化传播路径，使文化内容更加精准地触达目标群体。不同文化背景的受众习惯使用不同的传播渠道，而 AI 能够通过社交网络分析与数据挖掘，为不同群体设计定制化的传播策略。这种个性化传播路径的设计，不仅提高了传播效率，还增强了用户的参与感与认同感。

3. 语言与内容的语境化适配

语言是跨文化传播的重要媒介。然而，不同文化的语言系统在语法、词汇与表达方式上存在显著差异。直接的语言翻译往往难以准确传达文化的内涵，容易导致语义偏差甚至误解。AI 调适机制能够通过自然语言处理（NLP）与机器学习技术，实现语言与内容的语境化适配。AI 不仅能够翻译词句，还能根据语境调整表达方式，使内容更加贴合目标文化的语感与习惯。

这种语境化适配能力，还包括对地方化内容的定制与优化。不同文化背景的用户对文化内容的偏好存在差异，AI 系统可以根据区域数据与文化偏好，对内容进行适应性调整。例如，同样是推广茶文化，针对欧洲市场时可能更多地强调茶与艺术的结合，而在日本市场则需要突出茶道的哲学内涵。AI 通过语境化的内容适配，使文化传播在多样性与针对性之间取得平衡。

4. 文化包容性与算法公平性

在多文化共存的背景下，文化包容性是 AI 调适机制必须解决的核心问题。AI 系统在设计与应用过程中，需要防止文化偏见与算法歧视的产生。算法的设计者往往具有特定的文化背景与价值观，而这些隐性偏见可能在无意间影响算法的判断与决策。为了实现文化传播的包容性，AI 系统需要引入多元化的数据样本与价值体系，并在算法设计中注重公平性。

文化包容性还体现在传播内容的呈现方式上。AI 需要确保不同文化的内容在传播平台上拥有平等的呈现机会，避免由于技术限制或商业因素造成的文化边缘化现象。通过智能推荐系统的优化，AI 可以为用户提供更加多元化的文化内容选择，促进不同文化之间的平等对话与相互理解。

5. 伦理考量与社会责任

多文化共存背景下的 AI 调适机制，还需要应对伦理考量与社会责任的问题。在文化传播中，AI 不仅是技术工具，更是价值观的承载者与传播者。因此，AI 系统需要在设计与应用过程中遵循伦理规范，避免因文化误读或内容偏见而引发社会争议。同时，AI 调适机制应尊重用户的隐私权与数据主权，确保数据的收集与使用符合法律法规。

社会责任也是 AI 调适机制的重要组成部分。在跨文化传播中，AI 应当致力于促进文化的理解与包容，而非制造文化冲突或强化刻板印象。AI 系统的运营者需要不断审视算法的社会影响，并通过透明化的管理机制，确保文化传播的公平性与可持续性。

在多文化共存的背景下，AI 调适机制通过符号与价值体系的动态匹配、语言与内容的语境化适配，以及文化包容性的实现，为跨文化传播提供了新的路径。这些机制不仅提升了文化传播的精准性与有效性，也在技术与社会之间建立了更为紧密的连接。

6.2.3　跨文化对话与 AI 生成内容的伦理考量

随着人工智能生成内容（AIGC）的广泛应用，跨文化传播迎来了新的机遇与挑战。AI 生成的文本、图像、视频等内容可以迅速跨越语言和文化障碍，实现文化的高效传播。然而，AIGC 技术的使用也带来了严峻的伦理问题，如文化误读、价值偏差和隐私侵犯等。这些问题不仅影响内容的传播效果，还可能破坏跨文化交流的信任基础。因此，探讨 AI 生成内容在跨文化传播中的伦理考量，建立合理的机制和规范，显得尤为重要。

1. AI 生成内容与文化误读的风险

AI 在处理文化内容时，往往依赖于算法模型和数据训练。然而，训练数据本身不可避免地带有文化偏见或价值倾向。这种偏见可能导致生成内容在跨文化传播中出现误读甚至冒犯。例如，某些 AI 模型在生成关于中国传统节日的内容时，可能将其错误地解读为宗教节庆，从而引发目标市场的误解和不满。这类文化误读不仅影响内容的传播效果，还可能引发文化冲突，损害传播方的声誉。

为减少文化误读，AI 模型需要进行语境化的训练。通过引入多样化的数据集和语义分析模型，AI 可以更好地理解不同文化中的符号系统及其内涵。同时，内容生成的过程需要人类的参与与监督，以确保生成内容的准确性与适应性。这种人机协同的方式能够提高 AI 生成内容的文化敏感性，减少传播中的文化误读风险。

2. 价值偏差与文化表达的平衡

AI 生成内容在反映文化价值时，容易受到算法设计与训练数据的影响，导致价值偏差。例如，某些由 AI 生成的内容可能过于突出某一文化的特质，而忽略了该文化的多样性与包容性。这种单一化的文化表达方式可能强化刻板印象，不利于跨文化交流的平等与尊重。

为了实现文化表达的平衡，AI 系统需要具备包容性的设计。在内容生成时，应尽量体现文化的多元性和复杂性，避免简单化和标签化。此外，开发者在设计算法时，需要充分考虑不同文化的价值观和社会习俗，确保生成内容的表达符合文化内涵与传播目的。通过这种方式，

AI 生成内容不仅可以提升传播的效果，还能促进不同文化之间的理解与共存。

3. 隐私与数据伦理的保护

AI 生成内容的高效性依赖于大数据的支持。然而，在跨文化传播中，用户的行为数据和文化偏好属于敏感信息，未经授权的收集和使用会侵犯用户的隐私权。这不仅违反数据伦理，也可能导致文化传播项目陷入法律争议。

为了避免隐私受到侵犯，AI 系统在数据处理时需要采用严格的加密与匿名化技术，确保用户数据不被滥用。同时，应建立透明的数据使用机制，向用户明确告知其数据的用途与处理方式。这种透明性和合规性能够增强用户的信任，提升文化传播项目的社会责任感。

4. 文化生成内容中的真实性挑战

AI 生成的文化内容在形式上可能高度逼真，但其真实性却常常受到质疑。在跨文化传播中，内容的真实性是维系受众信任的重要基础。虚假的文化表达不仅会误导受众，还可能破坏传播方的公信力。因此，如何在 AI 生成的内容中保持真实性，是一个重要的伦理议题。

为解决这一问题，AI 生成内容需要与权威的文化信息源对接。例如，在生成关于中国文化的内容时，可以引入学术机构和文化团体的支持，确保生成内容的可靠性和权威性。此外，可以通过标注和认证机制，使用户能够识别内容的来源与真实性。这种透明化的机制能够提升受众对 AI 生成内容的信任，减少文化传播中的误解与争议。

5. 责任分担与伦理框架的构建

在 AI 生成内容的跨文化传播中，责任的分担是另一个重要问题。当生成内容引发争议或侵权行为时，谁应为此负责？是开发算法的公司，还是使用算法的文化机构？为明确责任，必须建立清晰的伦理框架，确保各方的责任界限。

这一伦理框架需要涵盖算法设计、数据处理与内容生成的各个环节。在算法设计阶段，开发者应遵循技术伦理原则，避免算法偏见的产生。在数据处理阶段，数据收集方应履行告知义务，并确保数据的合法使用。在内容生成阶段，使用方应对生成内容进行审查，确保其符合传播目的与伦理标准。通过这种多层次的责任分担机制，能够有效减少 AI 生成内容在跨文化传播中的伦理风险。

AI 生成内容为跨文化传播提供了新的机遇，但其潜在的伦理问题不容忽视。通过加强语境化训练、完善数据使用机制、确保内容真实性与构建责任框架，可以有效提升 AI 生成内容的文化敏感性与传播效果。

6.3　面向未来的中华文化传播战略

6.3.1　智能化文化传播中的挑战与对策

智能化技术在文化传播中的应用，为推动中华文化走向世界提供了新的路径。然而，在享受这些技术红利的同时，也必须面对技术引入过程中出现的一系列挑战。文化的复杂性决定了技术应用的成败不仅取决于传播手段的先进性，更依赖于内容的适配性和文化内涵的传递精准度。智能化文化传播不仅涉及算法和平台的建设，还需处理文化差异、传播伦理、技术依赖和数据安全等多重问题。通过深度分析这些挑战，并制定相应的解决策略，可以确保智能化文化传播行稳致远。

1. 技术与文化内涵的对接

智能化传播的一大挑战在于如何保持技术应用与文化内容之间的平衡。文化的传承与传播，需要依托丰富的符号体系和独特的情感表达，而技术工具在传播过程中容易导致文化的简化与符号化。算法为用户推荐内容时，通常根据用户兴趣标签筛选信息，但这类技术容易忽略文化内容的深度与复杂性。过度依赖算法筛选，会使传播内容趋于表面化，削弱中华文化的核心价值在国际传播中的体现。

为应对这一挑战，需要在内容生产和分发过程中进行深入的文化设计。智能算法不仅要关注用户行为数据，还应引入文化专家参与内容的筛选和设计，确保传播内容保持应有的厚重感与价值取向。此外，还应通过数据反馈优化内容分发的精准度，使用户能够在浏览与互动过程中感受到文化内涵的真实力量。

2. 跨文化传播中的语境适应问题

不同国家和地区在价值观、语言系统和文化符号上存在显著差异，这使智能化技术在国际文化传播中面临严峻的语境适应挑战。即使是精确的语言翻译技术，也难以避免文化误解的产生。自动化内容生成系统在跨文化环境中需要精准判断受众的文化偏好与禁忌，否则可能导致文化冲突或传播误读。

为解决这一问题，需要构建多语种、多文化的智能传播体系。在技术层面，可以通过大数据分析与自然语言处理技术，将不同地区的文化语境纳入传播模型之中。在实践层面，需要与本土化团队合作，由熟悉当地文化的专家参与传播内容的制作与审核。智能化传播不仅是技术输出的过程，更应是文化对话的场域，以确保文化符号在多元语境下得到正确理解。

3. 数据安全与用户隐私的保障

智能化传播体系依赖于海量数据的支持，而用户数据的采集和分析在提升传播精准度的同时，也带来了数据安全与隐私保护的挑战。数据滥用、信息泄露等问题，不仅会破坏用户对平台的信任，也可能导致跨国文化传播项目的中断。在文化传播过程中，过度依赖数据算法的个性化推荐，还可能加剧信息茧房效应，限制用户接触多元文化的机会。

对此，需要在数据管理上建立严格的隐私保护机制，确保用户数据的采集与使用符合国际标准和法律法规。智能系统应引入匿名化处理与加密技术，减少数据泄露的风险。此外，平台还需为用户提供数据使用的透明度和控制权，让用户能够自由选择是否参与数据共享，以保障智能化传播的可持续性与合规性。

4. 技术伦理与文化传播的平衡

在文化传播中，技术应用的伦理问题也不容忽视。AI 生成的文化内容可能由于缺乏文化背景理解而引发争议，甚至在某些情况下造成文化冒犯。此外，智能化传播平台在内容推荐和审核中具有很大的自主性，这使得平台对文化表达拥有了更强的把控力，容易产生文化同质化或操控的风险。

应对这一挑战的关键在于建立健全的技术伦理框架和监管机制。平台和开发者需要在算法设计中引入价值判断模型，确保智能系统能够尊重文化多样性，避免文化偏见和歧视。在平台的运营中，还应确保传播内容的透明度与包容性，为用户提供多元文化的接触渠道。这不仅有助于推动文化传播的多样性，也能够增强用户对平台的信任感。

5. 依赖技术的风险与应对策略

智能化技术的普及，使得文化传播在一定程度上依赖于算法与平台的支持。然而，这种技术依赖也带来了新的风险。技术更新换代速度快，平台间的竞争加剧，可能导致传播路径的不稳定性。某些平台或技术的垄断，还可能限制文化传播的广度与深度，使其受制于技术提供方的商业利益。

应对这一风险，需要构建开放、共享的智能化传播生态系统。文化传播不应局限于单一平台，而应通过多平台、多渠道的联动，实现传播路径的多样化。同时，应推动技术标准的开放与共享，鼓励不同平台之间的合作与互通，减少技术垄断对文化传播的影响。这不仅能够提升智能化传播的抗风险能力，还可以促进技术与文化的共融发展。

智能化文化传播面临诸多挑战，需要从技术设计、文化包容、数据安全与伦理监管等多方面协调应对。通过完善内容设计、强化跨文化适应和构建透明的数据管理体系，智能化文化传播才能更好地发挥其潜力。

6.3.2　人工智能引领的文化传播趋势预测

在科技高速发展的时代，人工智能正在重塑文化传播的模式与逻辑。这一变革不仅反映了技术的进步，也深刻影响了文化的生产、分发与消费方式。人工智能作为推动文化全球化的重要驱动力，不断拓展文化传播的广度与深度。通过对当前技术和社会趋势的分析，可以更清晰地预测人工智能在文化传播中的未来发展方向，并揭示其在不同层面上的潜在影响。

1. 个性化内容分发与智能算法

人工智能赋予文化传播前所未有的精准性和个性化。智能算法通过对用户数据的分析，了解不同个体的兴趣、需求和行为模式，为其推送量身定制的文化内容。这种基于数据驱动的传播模式，使得文化内容能够突破地域限制，精准触达全球用户。这不仅增强了传播的有效性，也极大丰富了用户的文化体验。

个性化分发模式的背后，是 AI 算法对用户数据的深度挖掘与分析。用户的浏览记录、社交互动和内容偏好都会成为算法模型的重要输入。这些数据驱动的推送系统能够实时更新，根据用户兴趣的变化调整内容推荐。正因如此，文化传播逐渐从传统的"供给导向"转变为"需求导向"，文化内容的生产和传播开始围绕用户需求而不断调整优化。

2. 沉浸式体验与跨媒体传播

随着虚拟现实、增强现实和混合现实技术的成熟，沉浸式体验正在成为文化传播的重要趋势。在这一过程中，AI 技术与 VR、AR 技术结合，将文化内容转化为多感官的沉浸式体验，使用户得以"亲历"传统文化场景。这种深度参与不仅提升了用户对文化的认同感，也为文化传播带来了全新的表达形式。

跨媒体传播模式的兴起，为文化内容的呈现提供了更多可能。通过不同媒介的协同，文化传播实现了内容的多平台联动。一个文化符号可以同时出现在社交媒体、短视频平台、游戏世界和虚拟博物馆中，形成一个多层次的传播网络。AI 在这一过程中起到了整合与协调的作用，通过智能系统将不同媒介上的文化信息有机结合，增强文化的传播效果与用户的参与度。

3. 人机共创与文化创新

AI 不再仅仅是文化传播的工具，它还成为文化内容的共同创作者。在 AI 辅助下，文化创作过程变得更加高效与多样。生成式 AI 可以模拟传统文化的风格，如创作出与唐诗相似的诗句，或生成具有中国画韵味的艺术作品。这种人机共创的模式，不仅激发了文化创意，也拓展了文化的表现形式。

文化创新不再局限于艺术家和创作者个体，而是依赖于 AI 与人类协同的过程。AI 能够提供大量的数据支持与灵感启发，帮助创作者打破传统的艺术表达形式，探索全新的文化领域。同时，文化作品在 AI 的辅助下可以根据用户的反馈进行实时调整，使得文化创作更加贴近市场需求。

4. 跨文化传播中的智能调适

文化的全球传播面临着语言、价值观与文化背景的多重挑战。在跨文化传播中，AI 的智能调适功能为解决这些挑战提供了有效的方案。通过自然语言处理与情感分析，AI 能够理解不同语言与文化背后的语义差异，并根据目标市场的需求进行内容的动态调整。这种智能调适能力，不仅减少了文化传播中的误读，还增强了不同文化之间的理解与共鸣。

AI 还能够在跨文化传播中承担"文化中介"的角色。它通过数据分析找出文化差异的关键点，并在文化传播的内容中进行适当的调整和优化。例如，中国的传统节庆在推广到西方市场时，AI 系统可以根据西方用户的文化习惯调整宣传内容，使其更容易被目标受众接受。这种动态调适能力，使 AI 成为跨文化传播中的重要桥梁。

5. 数据伦理与文化传播的挑战

尽管 AI 为文化传播带来了诸多创新与便利，但数据隐私与伦理问题始终是不可忽视的挑战。在个性化推荐和智能分发过程中，用户的个人信息与隐私数据常常成为算法模型的输入。这种数据使用的合法性与透明度，直接关系到用户的信任与文化传播的可持续性。AI 系统在进行跨文化传播时，必须遵循严格的数据保护与伦理规范，确保用户数据的安全与合法使用。

文化传播的多样性与包容性也是 AI 应用需要面对的重要议题。AI 算法在进行内容推荐时，如果过度依赖用户的历史偏好，可能导致文化信息的"信息茧房"现象，使用户只能接触到与自己兴趣相符的内容。这不仅不利于文化的多样化传播，还可能加剧社会的分化。因此，AI 系统需要在内容推荐中注重多样性与包容性，为用户提供更加丰富的文化选择。

人工智能正引领文化传播进入一个全新的时代。个性化分发、沉浸式体验、人机共创与智能调适等创新模式，将不断推动文化传播的变革与发展。这一过程中，如何平衡数据伦理与文化多样性，将是文化传播实践中的重要课题。

6.3.3 文化与科技融合中的未来机遇

在全球化与数字化进程加速的背景下，文化与科技的融合成为不可逆转的发展趋势。这一融合不仅改变了文化的传播方式，还深刻影响了文化的生成、创新与消费模式。人工智能、大数据与虚拟现实等前沿技术的迅猛发展，为中华文化的国际传播提供了新的机遇。如何有效融合文化与科技，实现二者的共生共荣，是当前需要深入思考的重要议题。

1. 科技赋能文化创新的可能性

科技与文化的融合带来了文化创新的巨大潜力。通过人工智能的介入，传统文化元素得以重新解构与再创作。AI 生成的艺术品、音乐与诗词，展现了技术与文化碰撞后的新形态。自然语言处理（NLP）技术能够模拟古典文学的韵味，生成具有浓厚文化特色的内容。这不仅是文化形式的创新，更是文化内涵的延续。

虚拟现实（VR）与增强现实（AR）技术的应用，使得文化的表达方式更加丰富。用户可以沉浸在虚拟世界中，亲身体验历史文化场景，感受不同地域的文化风貌。传统节庆活动也借助这些技术，在虚拟空间中得到真实还原。文化的感知不再受制于地理和时间的限制，跨时空的文化互动成为可能。这种创新形式提升了中华文化在国际传播中的吸引力。

2. 文化消费模式的智能化转型

科技的进步正在改变文化的消费模式。个性化推荐算法的应用，使得文化消费更加精准与高效。通过分析用户的兴趣爱好与行为数据，智能系统能够推送符合其偏好的文化内容。这种个性化服务提升了用户的参与感，推动了文化消费的持续增长。

在线文化平台与智能终端的普及，使得文化内容的获取变得更加便捷。用户可以通过移动设备随时随地参与文化活动，感受文化的魅力。虚拟博物馆与数字展览的兴起，将实体展览与在线体验相结合，为用户提供了更多元的选择。文化内容不再受限于特定的时间与地点，而是以更加开放的姿态融入用户的生活。

3. 科技与文化共生中的挑战

文化与科技的融合并非一帆风顺。在科技赋能文化的过程中，如何平衡传统与创新的关系，是一项重要的挑战。过度依赖技术可能导致文化的仪式感与历史价值被弱化。技术虽能拓展文化的表现形式，但不能取代文化的核心内涵。文化的灵魂在于其独特的价值观与审美，科技的介入需要在尊重文化传统的基础上进行。

另一项挑战在于技术伦理与文化包容性的实现。智能系统在文化内容的生成与分发过程中，可能受到算法偏见的影响。如何在技术设计中融入多元文化的视角，避免技术霸权的出现，是文化科技融合中的重要议题。文化的包容性不仅是技术发展的伦理底线，更是科技与文化实现共生的关键。

4. 中华文化国际传播中的新机遇

中华文化在国际传播中迎来了前所未有的机遇。随着科技的发展，文化的传播路径更加多元，传播速度也大大加快。借助社交媒体与智能推荐系统，中华文化能够以更加个性化的方式进入不同国家的用户视野。国际用户不仅是文化内容的接受者，也是内容的参与者与创造者。AI 驱动的内容生成与互动平台，使得用户可以通过自己的创作表达对中华文化的理解与认同。

在文化与科技融合的背景下，中华文化的传播也更加注重本土化与全球化的结合。AI 翻译系统不仅解决了语言障碍，还通过语境适应算法，实现了文化内涵的精准传递。不同国家的用户能够以自己的语言和文化背景，理解和接受中华文化的精髓。这种双向互动的传播模式，有助于提升中华文化的国际认同感。

文化与科技的融合带来了创新与共生的机遇。这一过程不仅推动了文化的多样性发展，也为中华文化的国际传播提供了全新的路径。

第7章

人工智能推动中华文化
创新发展的未来展望

展望未来，人工智能与中华文化的融合将为文化创新发展带来无限可能。从文化生产的智能化变革，到个性化文化消费模式的兴起，再到非物质文化遗产传承创新的新机遇，以及文化与科技协同创新的全新模式，这一切都预示着中华文化发展的新方向。本章将大胆畅想未来，深入分析人工智能推动中华文化创新发展的各种可能性，描绘一幅充满希望与活力的文化发展蓝图。

7.1 AI 与中华文化的未来创新模式

7.1.1 文化生产的智能化：从创作到传播

随着人工智能技术的不断发展，文化生产的过程正在经历深刻变革。传统的文化创作与传播模式以人为主导，而智能化生产模式的引入，使文化内容的生成和传播变得更加高效和多元。通过大数据分析、自然语言处理和机器学习算法，AI 能够辅助甚至独立完成创作任务，从而重新定义文化的生成方式。这一变革不仅在文学、艺术、音乐等领域产生了深远影响，也推动了文化传播与消费模式的全面升级。

1. 文化创作中的人工智能赋能

人工智能为文化创作带来了全新的思路和工具。在文学领域，AI

模型可以根据不同的语言风格与语法特点，生成符合特定主题的诗歌或故事。这些文本生成技术不仅可以帮助作者快速完成初稿，还能通过深度学习算法模仿经典作品的风格，为创作注入新的灵感与活力。音乐创作中，AI 系统能够分析全球不同音乐类型的特征，并生成旋律或节奏，为音乐人提供创作素材。此外，图像生成技术的进步，也使艺术创作进入了一个新的时代，画家与 AI 合作完成的作品已经开始出现在各大艺术展览中。

这种智能化的创作过程，极大地提高了文化生产的效率。一些传统作品需要数月甚至数年的创作周期，现在借助 AI 技术，可能在几周内完成。文化工作者通过智能工具进行创作，不仅节省了时间，还能够更加专注于内容的深度打磨与创新。AI 的参与使创作更具可能性，打破了创作者单一视角的限制，使文化作品的表现形式更加丰富多元。

2. 智能化分发中的算法与个性化推荐

在文化传播领域，AI 不仅改变了创作方式，还对内容的分发产生了深远影响。传统的文化内容分发依赖于出版商或媒体平台的线性推送模式，而智能化的算法推荐系统则使得文化传播更加精准与高效。通过分析用户的历史行为与兴趣标签，AI 算法能够实时推荐符合用户偏好的内容。这种个性化的分发模式，不仅提升了用户的参与感与满意度，也推动了文化消费的增长。

例如，流媒体平台和在线阅读应用通过智能推荐技术，将用户最感兴趣的音乐、视频或电子书推送给他们。这种推荐系统建立在对用户行为的大数据分析基础上，能够根据每个用户的独特需求进行个性化内容分发。文化作品不再局限于传统的发行渠道，而是通过多种数字平台，以更加灵活的方式呈现在全球受众面前。这种分发模式打破了地理与时间的限制，为文化传播创造了更多可能性。

3. 创作与传播过程中的伦理与挑战

尽管智能化的文化生产与传播模式带来了诸多便利，但也引发了一系列新的伦理与挑战。AI 生成内容的原创性与真实性成为争议的焦点。在某些情况下，AI 生成的作品可能难以界定其作者身份与版权归属。此外，智能推荐算法虽然提升了内容分发的效率，但也可能导致信息茧房的形成，使用户的文化视野变得狭窄。如何在智能化生产与多样性表达之间取得平衡，是文化领域需要思考的重要问题。

文化内容生成中的偏见与误用也是一个亟待解决的难题。AI 模型在训练过程中，往往会受到输入数据的影响，进而反映出社会的偏见。这些偏见在文化作品中可能会被放大，影响文化传播的公平性与包容性。为此，文化生产者与技术开发者需要共同努力，确保智能系统的设计符合伦理规范，并尊重不同文化的独特性。

4. 技术与传统文化的融合路径

在智能化文化生产的过程中，如何有效融合技术与传统文化，是实现创新发展的关键。传统文化承载着深厚的历史积淀与价值体系，不能因技术的发展而被忽视或简化。AI 技术的应用，应当尊重文化的内在逻辑与价值体系，在保留传统精髓的基础上进行创新。

通过智能化生产手段，传统文化可以焕发新的生命力。例如，AI可以通过对古籍的数字化处理与语义分析，将经典文学作品转化为适合现代读者的形式。虚拟现实技术还能够再现历史场景，让用户以沉浸式体验的方式感受传统文化的魅力。这种技术与文化的深度融合，使传统文化不仅能够在数字时代得以传承，还能在全球范围内传播。

5. 智能化文化消费的演进

随着 AI 在文化生产与传播中的广泛应用，文化消费模式也在不断演进。用户不再满足于被动接受内容，而是希望通过参与创作与互动，成为文化传播的一部分。智能化的创作工具与平台，为用户提供了参与创作的机会。越来越多的用户利用这些平台生成内容，在社交媒体上分享自己的作品，形成了文化传播的互动生态。

这种参与式的文化消费模式，不仅提升了用户的黏性，还推动了文化产业的创新与发展。用户生成内容（UGC）与 AI 生成内容（AIGC）的结合，使文化作品的表达形式更加多样化。智能化的创作平台也成为文化传播的重要载体，吸引了全球范围内的用户参与。

文化生产的智能化改变了创作与传播的方式，为文化产业带来了新的机遇与挑战。通过智能工具与算法系统的应用，文化生产的效率与质量得到了提升。与此同时，技术与伦理的平衡也需要得到充分重视，以确保文化生产与传播的多样性与包容性。

7.1.2　个性化、智能化的文化消费模式

随着人工智能、大数据与移动互联网的迅速发展，文化消费模式发生了深刻变革。传统的文化消费依赖于线下活动，如博物馆参观、剧场演出或书店选购。然而，智能科技的普及使得文化消费从线下走向线上，从被动接受走向个性化定制。这一变革不仅改变了文化消费的形式，也促使消费者的行为与偏好发生变化。如何通过智能化手段优化文化消费体验，推动中华文化在国内外的传播，成为当今文化产业的重要议题。

1. 智能推荐与个性化内容分发

人工智能技术在个性化推荐系统中的应用，使得文化消费更符合用户的兴趣与需求。AI 通过分析用户的浏览历史、购买记录与社交行为，构建用户画像，预测其可能感兴趣的内容。这种智能推荐不仅提升了用户的满意度，也增强了用户对平台的粘性。例如，B 站（Bilibili）与抖音等平台通过算法分析用户的偏好，为其推荐与中华文化相关的短视频与直播内容，让用户在不经意间接触到传统文化。

个性化推荐系统的作用还体现在电子书与数字音乐平台上。平台通过分析用户的阅读与收听习惯，向其推荐符合其审美与兴趣的内容，使得传统文学作品与经典音乐在数字环境中重新焕发生机。这种智能推荐增强了用户与文化之间的互动，使得文化消费的过程变得更加自然且富有吸引力。

2. 文化消费的场景化与沉浸式体验

智能科技赋予文化消费更多的场景化与沉浸式体验。虚拟现实（VR）和增强现实（AR）技术的应用，让用户能够"进入"文化场景，亲身体验中华文化的独特魅力。在 VR 环境中，用户可以穿越时空，置身于历史事件之中，感受古代盛世的辉煌或参与传统节日的庆典。AR 技术则将文化元素融入现实场景，让用户在日常生活中感受到传统文化的存在，例如通过 AR 眼镜观看虚拟的书法表演或古典舞蹈。

这种场景化的消费模式不仅提升了文化的吸引力，也增加了用户

的参与感。在体验过程中，用户不仅是文化的接受者，还是文化的参与者与创造者。通过互动与分享，用户的体验得以深化，文化的内涵得以传播与扩展。

3. 多元文化体验与价值共创

个性化与智能化的文化消费模式，不仅满足了消费者的个性需求，还促进了多元文化的交流与融合。智能平台通过数据分析与推荐机制，将不同文化内容推送给不同地域与背景的用户，实现跨文化的传播与互动。用户在接触异文化的同时，也会将自身文化的特色融入其中，形成多元文化共存与共创的局面。

这种价值共创模式鼓励用户通过创作与分享，将自己的文化理解与体验表达出来。例如，用户可以在社交平台上分享自己体验京剧的感受或上传与传统美食相关的视频。这些内容不仅增加了用户的参与感，也推动了中华文化的自传播与价值再创造，使其在全球文化市场中更加生动鲜活。

4. 数据驱动的消费优化与反馈机制

大数据的应用使得文化消费的优化与反馈更加精准。平台通过收集与分析用户的数据，实时了解其需求与偏好，并根据反馈调整内容与服务。这种数据驱动的消费模式，使得平台能够快速响应市场变化，为用户提供更符合其需求的内容与体验。智能系统还可以通过数据分析预测消费趋势，为文化创意产业提供决策支持。

这种基于数据的优化机制在文化节庆的推广中尤为明显。例如，在推广春节活动时，平台可以通过分析往年数据，预测用户对节庆内容的偏好，并据此调整内容的呈现方式。通过这种动态优化机制，文化消费的过程变得更加流畅与高效，用户的参与感与满意度也随之提升。

5. 技术伦理与用户隐私的考量

智能化的文化消费虽然提升了用户体验，但也带来了技术伦理与隐私保护的挑战。智能推荐与个性化服务的实现，依赖于对用户数据的深度分析。然而，这一过程涉及用户隐私的采集与使用，必须在法律与伦理的框架下进行。平台需要确保用户数据的安全与透明，避免数据滥用与侵权行为的发生。

　　此外，算法推荐的客观性与公正性也是需要关注的问题。过于依赖算法可能导致"信息茧房"的形成，使用户只能接触到与其兴趣一致的内容，而失去接触多元文化的机会。因此，在设计智能推荐系统时，应注重文化内容的多样性与包容性，避免文化视野的狭隘化。

　　个性化、智能化的文化消费模式，为文化产业的发展与中华文化的传播提供了新的路径。通过智能推荐、沉浸式体验与价值共创，用户的文化消费体验得到了极大的提升。同时，数据驱动的优化机制与技术伦理的考量，为文化消费的可持续发展奠定了基础。

7.1.3　智能科技与非遗文化的传承创新

　　在全球化与信息化的背景下，非物质文化遗产（非遗）的传承与保护成为各国文化战略中的重要内容。中华民族的非遗文化涵盖了丰富的民间艺术、传统技艺和文化习俗，这些文化遗产在全球文化语境中具有独特价值。然而，由于现代化进程的加速，许多非遗项目面临传承断代和文化消逝的威胁。随着人工智能技术的迅速发展，非遗文化的保护与传承正迎来新的机遇。智能科技不仅为非遗文化提供了全新的保护手段，还为其创新性传播和发展开辟了新的途径。

1. 人工智能助力非遗保护

　　人工智能技术的应用为非遗文化的数字化保护提供了强有力的工具。通过图像识别、语音分析和大数据处理等技术，许多传统技艺和文化习俗得以以数字形式存档。这种数字化的过程，不仅为非遗文化的保护提供了更加安全、可持续的存储方式，还使得这些文化遗产能够被更多人接触和了解。

　　例如，在传统戏曲、民间音乐等口述类非遗项目的保护中，AI 语音识别技术可以精确地捕捉和记录表演者的声音与演唱方式，确保其独特的艺术表现形式被完整保存。通过这些数据，未来的研究者和传承者可以随时复现这些文化形式。同时，智能影像识别技术也被广泛应用于传统工艺和手工艺的数字化记录。这些记录不仅包括手工艺的制作过程，还包括工艺背后的文化符号和历史背景，使得非遗的保护更加立体和全面。

2. 技术创新推动非遗的活化与传承

除了保护，人工智能还为非遗文化的活化和传承提供了新的动力。传统文化常常面临的问题是如何在现代社会中获得年轻一代的关注与认同。智能科技在这一过程中扮演了桥梁的角色，使非遗文化能够以新的形式与当代生活接轨。

虚拟现实（VR）与增强现实（AR）技术通过沉浸式体验，让用户能够在虚拟空间中亲身体验非遗文化的魅力。例如，用户可以通过VR技术观看传统刺绣的制作过程，甚至"参与"到刺绣的某个环节中，亲自感受传统工艺的精妙。通过这种创新性互动，非遗文化不再仅仅是历史的遗迹，而是变得更加生动和具象，使其能够吸引更多的年轻受众。

此外，人工智能还推动了非遗文化的跨界融合。通过智能内容生成技术，非遗文化元素能够与当代艺术、音乐、时尚等领域进行跨界合作。例如，AI生成的音乐可以融入传统乐器的音色与节奏，将传统与现代结合，创造出新的艺术形式。这种创新不仅为非遗文化注入了新的生命力，还提升了其在全球文化市场中的竞争力。

3. 数据驱动的非遗文化传播

智能科技还改变了非遗文化的传播方式。大数据和人工智能算法使得非遗文化的传播变得更加精准和高效。通过分析用户的兴趣、行为和文化偏好，AI系统可以为不同的受众推荐个性化的非遗文化内容。这样的智能化传播模式，不仅提高了非遗文化的曝光率，还增强了用户的参与感和认同感。

在社交媒体和数字平台上，非遗文化可以通过短视频、直播等形式进行推广。人工智能算法根据用户的数据分析，为用户推荐他们感兴趣的非遗项目，例如传统戏曲、民间工艺等。这种精准化的推荐方式，使得非遗文化能够触达更多潜在的受众，尤其是年轻一代。同时，非遗文化在全球范围内的传播也更加便捷，通过多语言的智能翻译和文化适应性推荐，非遗文化得以进入更多国家和地区的文化视野。

4. 科技伦理与非遗文化的平衡

尽管人工智能在非遗文化的传承与创新中发挥了积极作用，但其应用也带来了一些新的挑战。科技的快速发展，有时会导致对传统文化核心价值的忽视。在利用智能科技进行非遗文化的创新和推广时，必须谨慎处理文化的真实性与技术的创新性之间的平衡。非遗文化的核心在于其独特的历史积淀和文化内涵，技术虽然可以提升其表现形式，但不能割裂其文化根基。

此外，智能科技在非遗文化保护中的大规模应用，也带来了技术伦理的问题。例如，在非遗文化的数字化存档过程中，谁拥有这些数字化资料的使用权与解释权？如何防止这些数据的滥用？这些问题亟待建立明确的技术规范与法律框架，以确保非遗文化的传承与保护不受商业化或其他外部因素的干扰。

5. 人工智能赋能非遗文化的未来图景

人工智能技术为非遗文化的传承与创新提供了全新的视角与方法。通过智能化的保护、传播与互动，非遗文化能够在当代社会中焕发出新的生命力。无论是在数字化保护还是在跨界创新中，AI 都为非遗文化开辟了广阔的未来空间。

智能科技的应用为非遗文化的传承带来了新的可能性。通过科技的介入，非遗文化得以在现代社会中继续繁荣，并为不同的文化群体提供了共享与交流的机会。

7.1.4　文化与科技的协同创新模型

文化与科技的融合正在重塑全球社会的面貌。人工智能、大数据和区块链等技术的发展，使文化的生成、传播和消费方式发生了深刻变化。这种变革不仅推动了文化产业的创新，也提出了构建协同创新模型的迫切需求。在这一模型中，科技与文化的交互是核心，通过智能系统的支持，文化产品的创意与技术工具的深度融合成为可能。这种协同创新不仅推动了文化内容的多样化，还提高了其国际传播的深度与广度。

1. 协同创新模型的构建逻辑

文化与科技的协同创新模型必须以互动为基础，确保两者在内容创作、传播路径和用户体验的各个环节紧密结合。科技提供了先进的工具与平台，而文化则赋予科技应用以价值和意义。协同创新模型不仅关注技术驱动的效率提升，还强调文化表达的内涵深度与多元性。

在这一模型中，数据与算法是文化内容生产的重要支撑。大数据分析可以为文化产品的创意提供灵感，通过智能算法识别文化消费趋势与用户兴趣点，并将其融入创作流程。同时，区块链技术在版权管理与文化资产交易中发挥了关键作用，保障文化产品在创意共享与商业应用之间的平衡。这种技术赋能与文化创造的双向互动，是协同创新模型的核心。

2. 个性化与互动式体验的协同应用

文化与科技的融合不仅体现在生产端的创新，更反映在消费端的个性化与互动体验上。个性化推荐系统通过智能算法，为用户提供符合其兴趣的文化内容。这种基于数据分析的推荐机制，不仅提高了用户的参与感，还推动了文化内容的多样化发展。用户在与文化内容的互动中，既是消费者也是参与者，通过个性化选择和互动反馈，促进了文化传播的动态调整。

虚拟现实与增强现实技术为用户提供了全新的文化体验。在虚拟博物馆和在线展览中，用户不仅可以通过3D重现技术"触摸"历史文物，还能在虚拟环境中参与互动式活动。这种互动式体验将文化与科技的协同创新进一步推向深度融合，使得传统文化元素在数字化平台上焕发新的生机。

3. 模型的多维度应用：从创作到市场

文化与科技的协同创新模型在创作、传播与市场环节的应用各有侧重。在创作环节，人工智能为创意提供了强大的工具支持。自然语言处理（NLP）模型可以自动生成诗歌、戏剧剧本等文学作品，而生成对抗网络（GAN）则能在艺术创作中模拟大师风格，推动艺术创作的智能化发展。

在传播环节，科技提高了文化产品的分发效率。通过社交媒体与电子商务平台，文化内容可以精准触达全球用户。智能推送系统根据用户的行为数据和兴趣标签，动态调整文化内容的推送策略，使传播更具针对性与互动性。用户不仅能够通过平台接收文化信息，还可以参与内容的评价与再创作，形成多层次的文化互动。

市场环节中，协同创新模型体现为文化产品的商业化与价值链优化。区块链技术在数字版权管理与文化资产交易中发挥了重要作用，使得文化创意得以在全球市场上安全、高效地流通。NFT（非同质化代币）的兴起，将数字艺术品、音乐和影视作品与区块链技术结合，赋予了文化产品全新的商业模式与价值潜力。

4. 挑战与解决路径

文化与科技的协同创新模型虽然带来了诸多机遇，但也面临一些挑战。

其一是技术与文化价值的平衡问题。科技应用的商业化驱动，容易忽视文化的内涵与价值，导致文化产品失去其独特性与深度。在解决这一问题时，协同创新模型需要注重文化表达的真实性与多样性，通过文化政策与行业标准，确保科技的应用符合文化发展的需求。

其二是技术伦理与用户隐私的挑战。在个性化推荐与数据分析的过程中，用户数据的采集与使用引发了隐私保护的争议。协同创新模型应当在技术设计中融入伦理考量，确保用户数据的透明管理与合法使用。同时，推广数据匿名化与隐私保护技术，提高用户对文化科技融合的信任感，是模型顺利运行的重要保障。

5. 协同创新的国际传播价值

文化与科技的协同创新模型为中华文化的国际传播提供了新路径。智能翻译系统与跨文化适应算法，使文化产品能够在不同语言与文化背景下准确传达内涵。通过大数据分析与智能推送系统，文化内容的传播得以更加精准高效。用户不仅可以通过数字平台了解中华文化，还能参与到内容的创作与传播中，形成跨文化的互动与理解。

这一协同创新模型还能够推动多国文化的融合与对话。在数字文化展览、虚拟艺术节等国际交流活动中，不同国家的文化产品得以在统一平台上展示。科技的介入使得文化对话更加直接与高效，促进了文化多样性的共同繁荣。

文化与科技的协同创新模型，通过多维度的技术应用与文化表达，实现了创意、传播与市场的深度融合。

7.2 中华文化的全球影响力与人工智能的责任

7.2.1 中华文化与全球文化的交融与共生

全球化进程的深入发展促使各国文化在交流中不断碰撞与交融。中华文化作为世界文明的重要组成部分，在这种文化互动中扮演着不可忽视的角色。其博大精深的思想体系、丰富多样的艺术形式和独特的生活方式为全球文化带来了深刻的影响。与此同时，全球文化的多样性也为中华文化的发展提供了新机遇。在这种互动关系中，如何实现文化的交融与共生，成为推动中华文化国际传播的重要课题。

1. 文化交融中的挑战与机遇

文化交融是一个复杂的过程，涉及价值观念、审美取向和社会习俗的相互适应。不同文化在交流过程中可能出现认知差异甚至冲突，而这种冲突既是挑战，也是创新的机遇。例如，在西方价值观占主导的国际文化市场中，儒家伦理、道家思想的传播曾遭遇理解和认同的障碍。面对这些挑战，中华文化需要找到一种既不失其本质又能适应全球语境的传播方式。

文化的交融往往带来新的文化形态。例如，中国的传统美学在全球范围内与现代设计理念相结合，形成了具有国际影响力的"东方风格"。这种跨文化的融合不仅丰富了设计语言，也拓展了中华文化的表达方式。文化创新往往源于不同传统的碰撞，在这种相互借鉴中，新的文化符号不断产生，为文化的繁荣注入了新的活力。

2. 人工智能在文化交融中的助推作用

人工智能的介入为中华文化与全球文化的交融创造了新的可能。通过自然语言处理和智能翻译技术，AI缩短了文化传播中的语言距离，促进了不同文化之间的理解。AI还能够分析全球受众对中华文化的认知与兴趣，帮助传者更好地设计传播策略。大数据驱动的个性化推荐系统，使中华文化能够精准触达那些对其有潜在兴趣的用户群体。

在数字艺术和虚拟现实领域，AI 推动了文化内容的创新性表达。虚拟博物馆和在线文化展览通过沉浸式体验，将中华文化以全新的形式呈现在国际观众面前。AI 还使得艺术创作过程更加开放与互动，不同文化背景的艺术家可以在数字平台上合作，创作出融合多元文化元素的艺术作品。这种新的合作形式不仅促进了文化的交融，也为文化创新提供了更多可能。

3. 文化共生与多元文化认同

文化共生意味着不同文化在相互尊重与理解的基础上共存与发展。在多元文化背景下，中华文化与全球文化的共生不仅要求相互借鉴与融合，更需要文化认同的建立。文化认同是指个体或群体对某一文化的归属感与价值认同。这种认同不是单向的，而是建立在双向互动基础上的。

中华文化在与全球文化共生的过程中，需要保持自身的核心价值观和文化特质。过度的文化适应可能导致文化特色的丧失，而完全拒绝适应又可能导致文化传播的局限。因此，共生的关键在于找到文化适应与保持传统之间的平衡点。在这种共生关系中，中华文化的价值观念与艺术形式能够被国际社会所理解和接受，进而成为全球文化的重要组成部分。

4. 双向文化传播的创新路径

传统的文化传播模式大多是单向的，即传播者向接受者传递文化信息。然而，随着数字技术的发展，文化传播的双向互动模式逐渐兴起。在这种模式下，受众不仅是文化内容的接受者，也是传播过程中的积极参与者。用户生成内容（UGC）成为文化传播的重要形式之一。例如，国际用户可以通过短视频平台展示自己对中华文化的理解，甚至参与文化内容的创作。这种双向传播模式增强了文化传播的互动性与包容性。

AI 在双向传播中的应用，进一步优化了文化互动的过程。智能语音助手和虚拟角色使用户能够与文化内容进行实时对话，增强了文化体验的沉浸感。社交媒体平台上的 AI 推荐算法，根据用户的兴趣和行为数据，精准推送相关的文化内容，激发用户的参与热情。这种基于数据的互动机制，使文化传播更加个性化与人性化。

5. 文化共生的伦理考量

在推动中华文化与全球文化交融共生的过程中，文化伦理问题需要引起重视。文化传播不仅是技术和策略的问题，还涉及文化尊重与认同的伦理维度。不同文化之间的交互需要避免文化霸权与文化同化现象的出现，确保每一种文化的表达权与存在权都能够得到尊重。

文化共生的实现，需要在传播过程中注重文化的真实性与多样性。人工智能作为文化传播的工具，应在设计和应用过程中融入多元文化视角，避免算法偏见。同时，文化传播者需要在内容创作与传播过程中，尊重受众的文化感受与认知方式，建立平等与互信的文化交流关系。

中华文化与全球文化的交融共生，是一个动态的、双向互动的过程。在人工智能技术的支持下，这一过程展现出新的活力与可能性。文化交融不仅丰富了中华文化的表达方式，也为全球文化的多样性发展作出了积极贡献。

7.2.2 人工智能在文化传承与创新中的角色与挑战

人工智能在文化传承与创新中的应用，展示了科技与人文结合的广阔潜力。AI 技术不仅优化了传统文化的传播路径，还推动了新的文化形式的生成，为传统文化注入了新的活力。然而，这一过程也伴随着诸多挑战，包括技术伦理、文化认同以及创新与传统之间的张力。在推动中华文化传承与创新的过程中，如何平衡这些因素，是当下需要深入探讨的重要课题。

1. AI 技术在文化传承中的作用

AI 技术通过数字化保存和智能化管理，为文化遗产的保护和传承提供了新的工具。借助智能识别与修复技术，历史遗迹和文献得以以数字形式保存，并在虚拟空间中得以重现。文物的数字化不仅延长了其寿命，还为文化教育和学术研究提供了便利。例如，故宫博物院通过人工智能重建了部分失传的壁画和古籍，使得这些珍贵的文化资产能够跨越时空呈现在公众面前。

自然语言处理技术在文化典籍的解读与传播中也发挥了重要作用。AI 能够自动分析古典文献中的词汇和语法结构，生成符合原文意境的翻译和注释，降低了文化传播的门槛。这种智能解读为非中文用户理解中华文化提供了便利，加速了传统文化的全球传播。

2. AI 在文化创新中的推动

在推动文化创新方面，AI 技术展示了强大的创造力。生成对抗网络（GANs）等技术使得艺术作品的创作进入了新的阶段。通过对传统艺术风格的学习与模拟，AI 能够生成富有创意的数字艺术品。这些艺术品不仅保留了传统文化的精髓，还结合了现代审美，拓展了文化表现的维度。

AI 的参与也重塑了文化消费的方式。在电影、音乐与文学等领域，AI 不仅能够生成内容，还能根据用户的兴趣提供个性化推荐。这种模式增强了用户的参与感与文化体验，使得传统文化在与现代科技的融合中焕发新的活力。

3. 文化认同与 AI 创新的冲突

尽管 AI 推动了文化创新，其在文化传承过程中也面临一些重要挑战。创新与传统之间的张力往往成为文化领域的难题。过度依赖技术创新，可能导致文化的仪式感和精神内核被淡化。文化的核心在于价值观和身份认同，而技术往往只能优化其表现形式，无法取代其精神内涵。

文化认同的冲突还体现在不同群体对 AI 生成内容的接受度上。对于某些群体而言，文化创新是对传统的挑战，而对于另一些群体，则是延续传统的一种方式。因此，AI 在推动文化创新时需要平衡多方需求，确保文化的多样性与包容性得以维护。

4. 技术伦理与文化表达的边界

AI 在文化表达中的应用还面临着技术伦理的考验。生成内容的真实性与版权问题，是文化创新领域必须应对的挑战。在某些情况下，AI 生成的作品可能侵犯原作者的版权，或在未经授权的情况下使用文化符号。如何建立合理的版权保护与管理机制，是推动文化创新的重要环节。

AI 生成内容的伦理问题也不容忽视。文化表达本应基于真实与尊重，而 AI 生成的虚拟内容可能模糊现实与虚拟的界限，导致受众对文化信息的理解出现偏差。为此，需要建立严格的内容审核与伦理规范，确保 AI 在文化传播中的应用符合社会价值观。

人工智能在文化传承与创新中的角色不可忽视。它为传统文化的保护与传播提供了新的手段，也推动了新的文化表达方式的诞生。然而，在技术赋能的过程中，如何平衡创新与传统、技术与伦理之间的关系，是确保文化可持续发展的关键。

7.2.3　文化传播中的 AI 伦理与社会责任

人工智能在文化传播中的应用，拓宽了传播路径，丰富了文化内容的呈现形式。然而，技术的使用也伴随着一系列伦理和社会责任问题。这些问题不仅关乎技术的使用边界，还涉及文化的表达、解读与传承。确保 AI 在文化传播中的合理使用，不仅是技术发展的需求，更是社会责任的重要组成部分。在探讨 AI 伦理的过程中，需要从多角度深入分析，包括数据隐私、文化多样性、价值导向与内容真实性等议题。

1. 数据隐私与使用透明度

AI 在文化传播中大量依赖数据进行分析与决策。无论是用户偏好的分析，还是个性化内容的推荐，数据都是核心。然而，数据的收集与使用涉及个人隐私和信息安全问题。如何在确保数据有效利用的同时，保护用户的隐私，是文化传播中的重要伦理议题。用户的数据不仅关系到其个体行为，还可能反映其文化认同与社会价值观。这些敏感信息一旦被滥用，可能会导致严重的社会问题。

使用透明度在此过程中尤为关键。用户需要明确了解自己的数据被如何使用，并有权决定数据的使用范围。文化传播平台应建立完善的隐私保护机制，并通过 AI 技术实现数据匿名化处理，以减少用户隐私泄露的风险。确保数据使用的透明与合法，是构建 AI 文化传播伦理体系的基本要求。

2. 文化多样性与包容性

AI 在文化传播中的应用可能影响文化的多样性与包容性。在基于数据分析与算法推荐的传播模式下，受欢迎的内容更容易获得曝光，而少数群体的文化可能因此被边缘化。这种算法驱动的文化传播，若不加以规范，可能导致文化内容趋同，损害文化的多样性。

实现文化传播的包容性，需要在算法设计时纳入多元文化的视角。AI 系统应避免基于单一价值观的判断，并在内容推荐中平衡不同文化的表达机会。通过多元文化内容的展示与互动，平台不仅可以拓展用户的文化认知，还能促进文化之间的理解与尊重。文化包容性是文化传播中的重要伦理责任，需要技术与社会共同努力来实现。

3. 内容真实性与价值导向

文化传播中的 AI 生成内容（AIGC）正在迅速发展，但其真实性问题引发了广泛的关注。AI 生成的文本、图像或视频，虽然能够以令人信服的方式模拟真实文化内容，但也可能导致文化信息的失真或误读。这种情况下，如何确保内容的真实性与价值导向，成为 AI 文化传播中的关键伦理问题。

AI 生成的文化内容必须在尊重原始文化价值的基础上进行创新。文化符号与历史事件的虚构或重构，需要遵循一定的伦理规范，避免误导受众或损害文化的完整性。同时，文化内容的生成应体现正向价值观，引导用户在多元文化中寻求共识。平台和创作者需要共同承担起这一价值导向的社会责任。

4. 社会责任与 AI 伦理体系的构建

AI 在文化传播中的应用是一把"双刃剑"。它在提升传播效率与内容丰富性的同时，也可能加剧社会分化和文化冲突。确保 AI 技术的合理使用，需要建立完善的伦理体系，并在技术开发与应用过程中明确社会责任。文化传播平台、技术开发者与政府监管机构需要共同参与，确保 AI 技术的应用符合伦理规范。

平台应在算法设计时预防算法歧视，并通过技术手段减少信息茧房效应。技术开发者需要接受伦理培训，理解技术应用可能带来的社会影响。政府机构则应通过政策制定与法律监管，为 AI 文化传播的健康发展提供制度保障。这种多方协作的伦理体系，能够为 AI 文化传播提供有力的支持。

AI 在文化传播中的应用带来了创新与挑战，并伴随对伦理与社会责任的深刻考量。确保技术的合理应用与文化价值的平衡，是推动文化传播健康发展的重要任务。

7.3 未来科技与中华文化共生的路径

7.3.1 跨学科融合与技术创新驱动的文化发展

文化的发展离不开知识体系的更新与技术的进步。在全球化与数字化进程的推动下，跨学科融合与技术创新逐渐成为文化发展的重要动力。文化的生成与传播已不再局限于传统领域，而是通过多学科的交叉与智能技术的推动，形成了一种全新的发展模式。这一模式强调技术与人文的深度结合，不仅拓展了文化的内涵与表现形式，还赋予文化新的时代价值。

1. 跨学科融合与文化创新的契合

跨学科融合为文化发展提供了多维度的视角。文化与科技、经济、心理学等领域的交叉融合，使得传统文化元素在现代背景下得到重新诠释。例如，文化符号可以在认知科学的支持下深入解读，了解其对群体记忆与社会认同的影响。这种融合的视角，不仅让文化的研究更加深入，也为其国际传播创造了新的机会。

技术的介入为文化提供了更多表现方式。视觉艺术与数学建模的结合，音乐创作与人工智能算法的应用，均是跨学科融合的成果。这些实践展示了文化创新的可能性——文化不仅是历史传承的结果，更是不断与其他领域碰撞后的新生。在全球化语境中，跨学科的互动能够有效打破文化壁垒，让不同地域和文化背景的个体找到共鸣。

2. 技术创新推动文化的生成与传播

技术创新为文化内容的生成带来了深远影响。利用大数据分析与机器学习模型，可以通过识别用户偏好与兴趣，实现个性化的文化内容生成。AI 生成内容（AIGC）技术能够模仿经典文学与艺术风格，为用户提供高质量的个性化文化产品。这样的技术应用，让文化生成的门槛大大降低，使得文化内容的创作不再局限于专业领域，更多个体能够参与到文化的生成过程中。

智能化传播技术为文化内容的分发提供了新的路径。通过社交媒体与推荐算法的配合，文化内容能够在最短时间内精准抵达目标受众。智能算法不仅基于用户的兴趣标签推送文化内容，还能够通过实时反馈数据优化传播策略。这种动态调整的传播方式，使文化产品的传播更具效率，提升了用户的参与感与满意度。

3. 技术与文化共生中的挑战

尽管技术为文化发展带来了诸多机遇，但也伴随一系列挑战。如何在技术赋能的过程中，保持文化的独特性与核心价值，是一个关键问题。过度依赖技术可能导致文化表达的同质化，削弱其多样性与地域特色。因此，技术的应用需要尊重文化的本质，避免为了创新而忽视文化内容的深度与内涵。

技术的迅速发展还带来了伦理与规范的问题。AI 生成内容在创作过程中可能侵犯知识产权或产生文化偏见，如何在技术发展与伦理规范之间找到平衡，是文化与科技融合中的重要议题。多学科融合的过程中，需要建立有效的规则与机制，确保文化创新在合法合规的框架内进行。

4. 多元文化视角下的文化发展路径

在全球化的背景下，多元文化的共存与互动成为不可忽视的现实。技术创新不仅为本土文化的发展提供了动力，也促进了不同文化之间的相互理解与借鉴。AI 技术能够识别不同文化背景的用户需求，为其提供符合本地文化特质的内容。这种技术支持下的本土化与全球化相结合，使得文化传播更加包容。

多元文化视角还意味着要尊重文化之间的差异性。文化的创新与发展，需要在多元文化的基础上找到共识。跨学科的研究方法，为文化共生提供了理论支持。通过引入社会学、心理学与经济学的分析工具，可以更好地理解文化发展的动力与方向。这种多学科的结合，使文化研究的视角更加丰富，为文化创新开辟了新的路径。

跨学科融合与技术创新为文化发展创造了新的机遇。这种发展模式通过不同领域的交互与技术的赋能，拓展了文化的内涵与表现形式。在这一过程中，技术需要与文化价值保持一致，共同推动文化的多样性与创新力。

7.3.2　智慧文脉：构建全球文化共享生态系统

在全球化不断加深的时代，科技赋能文化传播成为世界各国提升文化软实力的重要手段。智慧文脉的概念在此背景下应运而生，旨在通过智能技术与文化资源的深度融合，构建全球文化共享生态系统。这一生态系统不仅推动了文化的互鉴与共享，还使文化传播从单向输出转变为多向互动。智慧文脉的核心在于建立一个包容性平台，通过人工智能与大数据技术的支持，实现文化内容的个性化分发、精准触达与持续共生。

1. 全球文化共享生态系统的价值

共享生态系统的构建，使得全球文化之间的壁垒逐步消解。文化不再受地域限制，而是通过数字平台在全球范围内实现无缝传播。这一生态系统通过智能算法与跨文化适配机制，将来自不同国家的文化内容精准推送给合适的用户。各国文化在这一共享体系中互相交融，形成一种新的全球文化叙事，增强了不同文化之间的理解与认同。

这一生态系统不仅改变了文化内容的传播方式，还拓展了文化交流的维度。传统的文化传播多以物理展示为主，例如博物馆展览与线下文化节。而在数字生态系统中，文化通过多样化的形式展现，如数字博物馆、虚拟艺术展与在线互动体验。这种多层次的文化呈现方式，提高了用户的参与度，也为文化交流注入了新的活力。

2. 智慧文脉系统中的技术支持

智慧文脉系统的构建依赖于先进的智能技术与数据分析能力。人工智能在内容生成、语言翻译与用户推荐方面发挥了重要作用。通过自然语言处理技术，AI 能够精准翻译和适配不同文化背景的内容，避免出现语境误解与文化冲突。AI 还能够生成符合用户兴趣与文化背景的内容，使用户体验更加个性化。

大数据技术在智慧文脉系统中起到了支撑作用。系统通过对用户行为数据的分析，了解全球用户的文化需求与兴趣偏好，并据此制定个性化的内容推荐策略。这种基于数据的内容分发机制，提高了文化传播的效率与精准性。用户不仅是文化内容的接收者，还通过互动与参与，成为文化内容的创造者与传播者。

此外，区块链技术为智慧文脉系统的运行提供了保障。区块链能够记录每一份文化资源的流转与使用情况，确保文化版权得到有效保护。这一技术不仅保障了内容创作者的权益，也为系统内的文化共享建立了信任基础。

3. 构建包容性文化生态的挑战

构建全球文化共享生态系统的过程中，包容性是关键。不同文化之间的差异不仅体现在语言和符号上，还涉及价值观、信仰与历史背景。这种多样性既是文化交流的财富，也为系统的设计提出了挑战。如何在技术设计中融入多元文化视角，确保每一种文化都能在系统内得到平等的呈现，是构建智慧文脉系统的难点之一。

技术的中立性在这一过程中也需要高度重视。人工智能系统在内容分发时，可能会因为数据偏见或算法缺陷而造成文化的不平衡展示。例如，某些文化内容由于缺乏数字化资源或数据样本而难以进入系统，从而被边缘化。这一问题的解决需要技术团队在算法设计时注重数据的多样性与公平性。

4. 中华文化在共享生态系统中的角色

中华文化以其丰富的历史积淀与多样的表现形式，为全球文化共享生态系统提供了宝贵的资源。在智慧文脉系统中，中华文化不仅是传播的对象，也是创新的源泉。通过 AI 技术，传统文化得以与现代科技相结合，生成新的文化形式。例如，AI 可以将古典诗词与现代音乐融合，创造出新的艺术作品。这种基于文化创新的传播方式，增强了中华文化的国际影响力。

中华文化在这一生态系统中的价值还体现在其包容性与多元性上。

中国历来注重文化的开放与交流，倡导"和而不同"的文化理念。这一理念为构建包容性文化生态提供了思想基础。在智慧文脉系统中，中华文化通过与其他文化的互动与融合，展现了其开放包容的精神，也为全球文化共享生态的建设提供了有力支持。

智慧文脉构建的全球文化共享生态系统，不仅推动了不同文化之间的理解与合作，还为中华文化的传播与创新创造了更多机遇。这一系统通过技术与文化的深度融合，实现了文化内容的多元表达与精准分发，为构建更加开放、包容的全球文化空间奠定了基础。

7.3.3　面向未来的全球文化治理与中国智慧

全球化加速了不同文化之间的交流与融合，但也带来了新的文化冲突与治理挑战。随着科技的发展，文化传播的形式和影响力不断发生变化，迫使全球社会重新思考文化治理的策略与框架。在这个过程中，如何实现文化多样性与全球共识的平衡，是国际社会共同面临的课题。中国智慧在这一领域展现出独特的优势，为全球文化治理的创新提供了重要参考。

1. 全球文化治理中的矛盾与冲突

在全球文化治理中，最常见的冲突之一是普遍主义与多样性的矛盾。普遍主义试图以统一的规则管理全球文化，但这种单一模式往往忽视了各国文化的独特性与多样性。文化多样性是全球社会的重要资产，必须得到充分保护与尊重。全球文化治理需要在这两者之间寻求平衡，为不同文化的表达与传播提供开放包容的空间。

另一个重要挑战是文化霸权的出现。一些国家通过文化传播与软实力输出，试图在全球范围内建立文化优势。这种不平等的文化交流模式容易导致文化同化，削弱本地文化的活力与认同感。在信息传播高度发达的当下，文化治理需要在促进文化流动的同时，避免文化霸权现象的出现。

2. 中国智慧在全球文化治理中的独特价值

中国文化重视和谐与共生的理念，这为全球文化治理提供了宝贵的思想资源。在中国的传统哲学中，"和而不同"强调在多样性中追求和谐，在差异中寻找共存。这一理念与全球文化治理的目标高度契合，为解决文化冲突提供了理论支撑。在实践中，中国通过"一带一路"倡议等项目，积极推动不同国家之间的文化交流与合作，展现了包容多样的文化治理智慧。

此外，中国智慧注重社会与科技的协同发展。在人工智能与文化融合的背景下，中国倡导技术伦理与社会价值的协调。技术的发展必须服务于社会的共同利益，而非成为某一文化或集团的工具。中国的技术治理框架主张通过多边对话与合作，建立透明、公正的文化传播秩序，确保科技在全球文化治理中发挥积极作用。

3. 科技赋能下的文化治理创新

人工智能、大数据与区块链等技术的应用，为全球文化治理的创新提供了新的工具。AI 通过对文化传播数据的分析，可以监测文化流动的趋势与风险，为文化政策的制定与调整提供科学依据。大数据技术使得文化治理更加透明与高效，能够及时发现并应对跨文化传播中的问题。

区块链技术在文化治理中的应用，主要体现在版权保护与文化资产管理上。全球文化传播中的知识产权保护是一个长期存在的难题，而区块链的去中心化特性，使得文化作品的所有权与传播路径可以被清晰记录。这不仅提高了版权管理的效率，还增强了文化创作者的权益保障。

4. 多元文化共存背景下的对话与协作

全球文化治理的有效性，依赖于各国在多元文化共存中的对话与协作。单向的文化输出无法实现真正的共识，文化治理需要建立在平等对话的基础上。在这一过程中，人工智能和其他信息技术的作用不可忽视。它们不仅能够促进跨语言交流，还能在文化内容的语境适应中发挥关键作用。

文化共存的核心是理解与尊重。每一种文化都有其独特的历史背景与价值体系，需要在全球治理框架中得到平等对待。技术虽然可以加速文化的传播，但文化共存的实现，更多依赖于人类社会对多样性的认同与包容。这要求全球文化治理体系在制定规则时，充分考虑各国的文化差异，并通过多边协商形成共识。

5. 中国在全球文化治理中的角色与实践

中国作为世界上拥有悠久文明和丰富文化遗产的国家，在全球文化治理中扮演着重要角色。中国不仅是文化内容的输出者，也是全球文化治理规则的积极参与者。在与其他国家的文化交流中，中国注重共建共享的原则，推动全球文化治理朝向更加平等与开放的方向发展。

中国在国际合作项目中的文化实践，展示了技术与文化融合的积极成果。例如，数字丝绸之路项目通过信息技术与文化资源的结合，为参与国提供了丰富的文化交流平台。这些实践表明，中国智慧不仅体现在文化内容的创新上，还体现在文化治理模式的探索上。

全球文化治理需要在多样性与共识之间找到平衡点。中国智慧以其和谐共生的理念，为这一平衡的实现提供了重要参考。通过科技的赋能与多边对话的推进，全球文化治理可以更加高效与包容。

第 8 章

总结与展望：科技与文化融合的智慧之路

在科技与文化深度融合的时代浪潮中，我们一路走来，见证了人工智能为中华文化传播带来的诸多变革与成就。然而，前行的道路并非一帆风顺，机遇与挑战并存。本章作为全书的总结与展望，将回顾科技赋能文化传播的历程，反思其中的机遇与风险，探讨科技伦理与社会责任，思考 AI 生成文化的真实性与价值冲突。同时，展望中华文化走向世界的战略愿景，以及人工智能在构建全球文化生态体系中的重要作用，探寻科技与文化融合的智慧路径。

8.1 人工智能时代下的文化传播反思

8.1.1 科技带来的文化传播机遇与风险

科技的进步深刻改变了文化传播的方式和内容。信息技术、大数据、人工智能以及虚拟现实等新兴科技的广泛应用，为文化传播提供了新的路径。这些技术使得文化内容的生成、分发和消费变得更加高效，并在全球范围内促进了不同文化的互动。然而，科技赋能文化传播的同时，也带来了诸多风险和挑战，涉及文化表达的真实性、算法偏见以及数据伦理等层面。如何在享受科技带来的机遇的同时，有效应对其潜在风险，是文化传播领域必须正视的重要议题。

1. 科技为文化传播带来的机遇

科技使文化的传播方式变得更加多元与高效。传统的文化传播依赖于实体媒介和面对面的互动，而数字技术的发展打破了这些局限。人们可以通过互联网平台和社交媒体，以视频、图像和文字等多种形式获取文化内容。例如，虚拟博物馆的出现，使得世界各地的用户能够随时访问中国的文物和艺术品，参与文化体验。这种超越时空的文化传播方式极大地扩大了中华文化的影响力。

人工智能和大数据的应用则进一步提升了文化传播的精准性。借助智能推荐系统，文化内容可以根据用户的兴趣爱好和行为模式进行个性化推送。用户不再是被动的信息接收者，而是文化传播链中的重要参与者。通过算法的辅助，文化平台能够根据用户的反馈不断优化内容，提高传播效果和用户体验。

虚拟现实（VR）和增强现实（AR）技术的引入，使文化的呈现方式更加立体和生动。用户可以通过 VR 头戴设备，置身于历史事件的再现场景中，或者在虚拟空间中参与节庆活动。这种沉浸式体验使文化的传播更具感染力，增强了用户的参与感与认同感。

2. 科技推动文化交流与多样性

科技不仅提升了文化传播的效率，还促进了文化的交流与多样性。通过跨国文化平台的建设，不同国家的文化能够在全球市场上展示与互动。这种互动模式有助于不同文化之间的理解与尊重，减少偏见与误解。以社交媒体平台为例，中国的传统节庆文化得以通过短视频和直播的形式传播到世界各地。用户可以通过评论和互动，与其他国家的用户分享对中国文化的感受与理解。这种多维度的文化交流拓宽了文化的影响范围。

AI 驱动的翻译技术进一步促进了跨文化传播。自动翻译系统不仅能够在语言层面实现无障碍交流，还可以根据语境进行文化适应，使文化内容在不同国家都能被准确理解。例如，一些平台使用 AI 分析不同语言的细微差异，确保翻译后的内容符合当地文化习惯，避免引发误解。这种科技的介入，提高了文化传播的效率与包容性。

3. 科技应用中的风险与挑战

尽管科技为文化传播带来了诸多机遇，但其应用过程中也存在不少风险。首先是文化内容的真实性问题。生成式 AI 技术的广泛应用，使得文化内容的生成过程变得高度自动化。然而，自动生成的内容有时会偏离文化的原始内涵，甚至可能导致文化符号的误用。这种"伪文化"的传播，不仅削弱了文化的真实性，还可能对受众造成误导。

算法偏见是另一项挑战。在智能推荐系统中，算法根据用户的行为数据推送文化内容，这种个性化推荐虽然提高了用户体验，但也可能导致"信息茧房"现象。用户只接触到与自己兴趣一致的内容，而忽略了其他文化的多样性。这种算法偏见可能加剧文化的分裂，不利于多元文化的共存与发展。

数据伦理问题同样值得关注。文化传播平台在数据收集和分析过程中，需要处理大量用户信息。如何在提升传播效率的同时，保障用户的隐私与数据安全，是科技应用中的重要议题。部分平台可能会滥用用户数据，进行过度商业化操作，损害用户的利益。这种行为不仅影响平台的信誉，也对文化传播的可持续性构成威胁。

4. 科技与文化传播的平衡策略

在科技赋能文化传播的过程中，实现科技与文化之间的平衡至关重要。技术的应用应以尊重文化传统与多样性为前提，避免为追求创新而忽略文化的内在价值。文化传播的核心在于内容的质量与内涵，而非技术的炫目效果。因此，科技应作为文化传播的工具，而非目的。

平台在使用智能推荐算法时，需要引入多元文化视角，避免算法偏见的影响。通过定期调整算法模型，确保用户能够接触到不同类型的文化内容，促进文化的多样性。同时，在数据使用过程中，应严格遵守数据保护法规，保障用户的隐私权与数据安全。

在生成式 AI 内容的应用中，平台应加强对文化符号的审查与监管，确保自动生成的内容符合文化的内涵与价值观。通过与文化专家的合作，制定内容审核标准，为文化传播设定清晰的边界。这种合作模式有助于提升内容的质量，避免文化误读与冲突。

科技为文化传播提供了前所未有的机遇，同时也带来了不可忽视的风险。在文化传播的实践中，需要不断探索科技与文化的最佳结合方式，实现二者的协同发展。

8.1.2 文化传播的科技伦理与社会责任

科技的发展推动了文化传播的变革，拓展了内容的表现形式与传播路径。人工智能、大数据及虚拟现实等技术深刻地改变了文化的生产、消费与传递方式。然而，在推动文化传播效率和规模的同时，这些技术也引发了伦理和社会责任层面的复杂问题。如何在技术创新与文化价值之间实现平衡，确保科技发展与社会责任的同步，是文化传播领域需要严肃面对的议题。

1. 技术介入文化传播的伦理冲突

人工智能在文化传播中的广泛应用，打破了传统文化传播的单向性与固定性。然而，技术的中立性并不能掩盖其潜在的伦理风险。算法推荐系统的使用，使得文化传播变得更加精准和高效，但也带来了文化内容过滤与"信息茧房"的风险。在用户的兴趣标签和历史数据的指导下，算法系统可能会倾向于推荐用户偏好的内容，忽略多样化的文化表达。这种趋势不仅导致文化传播的单一化，还可能加深文化隔阂，使用户陷入特定的文化圈层而难以接触其他文化的丰富内涵。

同时，人工智能生成内容（AIGC）在文化传播中的应用，也引发了真实性与版权问题。虽然生成内容具有创新性，但其合法性与真实性常常受到质疑。文化创作需要尊重知识产权与创作者的劳动，然而AI生成作品的出现模糊了原创与复制的界限。如果不加以规制，这种现象可能会削弱文化创作的动力，进而影响文化的多样性发展。

2. 隐私与数据伦理挑战

科技驱动的文化传播依赖于大数据的支持，但数据的使用与收集必须遵循严格的隐私保护原则。在文化传播过程中，用户的浏览记录、兴趣标签及社交行为成为算法优化的重要依据。为了实现个性化推荐，系统往往需要大量个人数据，这种做法引发了隐私泄露与数据滥用的风险。

文化传播平台与技术开发者有责任确保数据的合法使用与用户隐

私的保护。具体而言，平台应透明化数据收集与处理的流程，并确保用户拥有数据控制权。数据伦理的失守不仅会损害用户的权益，还会削弱公众对科技和文化平台的信任，进而阻碍文化传播的健康发展。

3. 技术公平与文化包容性

科技在文化传播中的应用，应当以公平为原则，以包容性为目标。不同文化背景的用户对同一内容的接受度各不相同，技术平台在推广文化内容时，需避免算法偏见和文化歧视。然而，由于开发者的背景、算法设计及数据样本的限制，智能系统可能在无意间放大某些文化的优势地位，忽视其他文化的表达权。

文化的多样性是人类社会的宝贵财富。为了实现文化的公平传播，智能技术需要引入更多元的数据样本与更具包容性的设计思维，确保不同文化的平等展现。文化包容性不仅是文化传播的目标，也是社会责任的体现。技术与文化的融合应当超越经济利益的考量，更加关注社会价值的实现。

4. 责任主体的多元化与协同合作

科技伦理与社会责任的落实，需要多元主体的共同参与。政府、企业、学术机构及社会组织应当形成合力，共同制定科技与文化融合发展的伦理准则。政府应通过立法与政策引导，确保科技创新在法律框架内进行，避免技术滥用。企业作为技术的主要应用者，有责任构建透明、负责的技术应用体系，保障用户权益与文化多样性。

学术机构与社会组织则在文化传播的技术伦理研究与实践方面，发挥着不可替代的作用。学者们通过理论探讨与实验研究，为技术伦理的制定提供科学依据；社会组织通过文化项目与公共教育，推动文化传播中的社会责任意识。多元主体的协同合作，能够确保科技与文化的融合在可持续的轨道上发展。

5. 文化传播中的伦理教育与社会意识培养

文化传播的科技伦理不仅是技术系统的约束，更是社会教育的重要内容。公众对科技的认知与理解，直接影响着文化传播的效果。科技与文化的融合需要公众的积极参与与支持，这要求在教育系统中注入科技伦理与社会责任的理念。

平台也应通过文化传播活动与公益项目，提高用户的伦理意识。通过这些活动，用户能够认识到数据隐私保护的重要性，理解多元文化的价值，并在使用科技时主动承担社会责任。这种伦理教育的实施，不仅能提升公众的科技素养，还能为科技与文化的良性发展提供社会基础。

文化传播的科技伦理与社会责任是科技与文化融合过程中不可忽视的议题。在追求创新与效率的同时，确保技术的合理应用与社会责任的履行，才能实现文化传播的长远发展。

8.1.3 AI 生成文化中的真实性与价值冲突

人工智能技术的发展，使得文化内容的生成与传播发生了深刻变革。AI 生成内容（AIGC）正逐渐渗透到文学、艺术、音乐等领域，并在全球范围内改变着文化生产和消费的方式。然而，随着这一技术的广泛应用，AI 生成内容的真实性与价值冲突问题也愈发凸显。这些冲突涉及文化的本质、原创性和审美价值，挑战了传统文化理论的边界，影响了人们对文化意义和真实性的认知。

1. 真实性与文化本质的对立

文化的本质在于其创造性与情感表达。传统的文化创作是个体或群体通过艺术形式传达思想、情感和历史经验的过程，而 AI 生成内容则依赖算法和数据模型。AI 作品缺乏情感体验与主观意识，使其在本质上与人类创作的文化内容有所不同。这种技术生成的内容，虽然在形式上能够高度模拟人类艺术，但其背后缺乏创作者的个人情感和思想深度。

这一问题引发了关于文化真实性的争论。真实性不仅指作品本身的原创性，还包含了作品背后的创作动机和历史背景。在文化领域，创作主体的情感体验和价值观念赋予了作品深刻的内涵。AI 生成的内容因为缺乏情感动机，被质疑是否具有与人类作品同等的文化价值。这种技术与人类创作之间的本质差异，使得真实性问题成为 AI 生成文化面临的核心挑战。

2. 价值冲突与伦理困境

AI 生成文化的广泛应用带来了价值冲突，尤其是在文化产业中。传统文化内容的创造需要大量时间与资源，而 AI 能够迅速生成相似甚至同质化的内容。这种效率的提升在一定程度上改变了文化市场的竞争规则，给创作者带来了巨大的压力。艺术家和作家担心 AI 生成的作品可能导致他们的劳动价值被稀释，甚至面临失业风险。这种价值冲突，不仅是技术发展与传统创作之间的矛盾，也是文化产业结构调整中的一大难题。

伦理问题也贯穿于这一过程中。AI 生成内容的版权归属和使用规范尚未明确，存在着抄袭与侵权的风险。例如，AI 在生成内容时往往依赖于大量的训练数据，这些数据可能来自未经授权的艺术作品或文学文本。这种未经许可的数据使用，不仅侵犯了原作者的权益，还引发了关于 AI 生成内容合法性的争议。如何在保障创作者权益的同时，推动 AI 技术的发展，是文化政策与伦理规范需要解决的重要问题。

3. 逆向思维与真实性的新定义

面对 AI 生成内容带来的真实性问题，逆向思维可以为我们提供新的视角。传统的文化创作强调主观体验与情感表达，而 AI 生成内容则更多依赖于数据和算法。这种看似矛盾的差异，或许可以被重新定义为文化创作的两种不同路径。AI 生成的内容虽然缺乏情感动机，但其背后的算法逻辑和数据分析同样是一种新的创造方式。这种创造形式，代表了人类技术能力的延伸，扩展了文化表达的边界。

在这一视角下，我们可以尝试将 AI 生成内容视为人类文化的补充而非对立面。AI 通过算法生成的艺术作品，反映了数据时代的审美特征和技术文化的内在逻辑。虽然这种内容缺乏人类创作的情感深度，但它在形式上展现了另一种审美价值。将 AI 生成内容纳入文化体系，可以丰富文化表达的多样性，为文化创新提供新的动力。

4. 技术创新与文化价值的平衡

在 AI 生成文化的推广与应用过程中，如何平衡技术创新与文化价值是一个关键议题。AI 技术的应用可以提高文化内容的生产效率，拓展文化传播的途径，但这种效率的提升不能以牺牲文化价值为代价。

文化的核心在于其思想性与社会价值，而非仅仅是形式上的创新。因此，文化产业在应用 AI 技术时，应当注重技术与艺术之间的平衡，确保文化内容的质量与内涵。

政策的引导与规范同样重要。政府和行业组织需要制定合理的规则，确保 AI 生成内容的使用不会侵害创作者的权益。通过版权保护和使用规范的制定，可以有效减少 AI 生成内容带来的价值冲突。此外，教育系统也应加强对文化与技术关系的理解，培养新一代创作者掌握 AI 技术，从而在保持文化价值的基础上推动创新。

AI 生成文化的真实性与价值冲突，揭示了技术与文化融合中的复杂性。在这一过程中，我们既要尊重文化的本质，也应开放地接受新技术带来的可能性。

8.2　智慧文脉：从中华文化到全球文化的连接

8.2.1　中华文化走向世界的战略愿景

中华文化的国际传播不仅是文化自信的体现，更是构建全球文化多样性的重要途径。随着全球化进程的深入，文化的传播已超越了传统的交流模式，成为国家形象塑造、跨文化理解和全球合作的重要工具。人工智能、大数据、虚拟现实等新兴科技的发展，为中华文化走向世界提供了全新的路径与机遇。在这一背景下，制定并实施清晰的战略愿景，确保中华文化在全球语境中的成功传播，成为文化建设的重要任务。

1. 战略愿景的核心目标

中华文化的国际传播旨在实现几个核心目标：首先，提升中华文化的全球认知度，使更多国家和人民了解中国丰富的文化传统。文化的认知不仅局限于语言和符号的表面层次，还涉及对价值观、历史记忆和哲学思想的深入理解。中华文化拥有五千多年的历史积淀，涵盖儒、释、道等思想体系以及多样的艺术与民俗传统，其传播目标不仅是展示形式上的多样性，更在于传达文化背后的智慧。

其次，中华文化的传播需要推动全球文化的平等交流与包容发展。在多元文化背景下，中华文化不应以输出为唯一目的，而应注重与其他文化的对话与共生。通过双向交流，文化的传播不仅促进中国与世界的理解，也推动了多元文化体系的繁荣。这样的战略愿景，有助于塑造中国作为文化大国的形象，增强中国在国际文化舞台上的话语权。

2. 科技赋能下的创新路径

人工智能技术为中华文化的国际传播提供了强大的支持。在内容生产方面，AI 生成内容（AIGC）能够大幅提升文化输出的效率。无论是古典诗词的翻译与再创作，还是非物质文化遗产的数字化保护，AI 技术都在改变文化内容的表达方式。大数据分析使文化传播更加精准，能够根据不同地区用户的兴趣和需求定制推广方案。例如，中国传统节日如春节、端午节等可以通过 AI 算法，找到全球范围内的潜在兴趣群体，制定有针对性的传播策略。

虚拟现实（VR）和增强现实（AR）技术为文化的沉浸式体验提供了可能。在全球推广中华文化时，这些技术让用户足不出户便能亲身感受中国文化的魅力。例如，利用 VR 技术重现北京故宫的历史景象，让世界各地的用户体验传统建筑与艺术的震撼。沉浸式的文化体验不仅增加了文化传播的趣味性，还深化了不同文化群体之间的理解。

3. 跨文化理解与价值调适

文化传播的过程往往伴随着跨文化的误读与价值冲突。在中华文化走向世界的过程中，如何实现价值观的调适与语境的适应，是传播战略的重要部分。不同国家与地区的文化背景、宗教信仰、社会习惯各异，直接影响了人们对中华文化的接受程度。为此，传播策略需要注重跨文化的语境适应。通过 AI 驱动的智能分析系统，可以实时监控文化传播的效果，根据反馈数据不断调整内容与表达方式，减少误解与抵触。

双向互动是解决跨文化挑战的关键。国际传播不仅是单向的信息传递，更应是多方参与的对话与合作。通过与其他国家文化机构的合作，开展联合展览、跨文化艺术节等活动，推动不同文化之间的交流与融合。这样的互动模式，有助于中华文化在全球语境中的自然传播，避免因文化冲突导致的传播障碍。

4. 国家形象与文化传播的协同

中华文化的国际传播与国家形象的塑造密不可分。文化是国家软实力的重要组成部分，其传播不仅影响国际社会对中国的文化认知，也影响中国的政治、经济形象。因此，文化传播战略需要与国家的整体外交战略相协调，通过文化活动传递友好、开放、包容的国家形象。文化的力量在于其润物细无声的影响，通过文化产品和活动潜移默化地改变他国民众的认知与态度，增强国家的国际吸引力。

社交媒体平台在这一过程中发挥了重要作用。通过微博、抖音、微信等平台的国际化运营，中华文化能够更便捷地进入全球用户的视野。这些平台的智能推荐系统，可以根据用户的兴趣和习惯推送相关的文化内容，提高传播的精准度和覆盖面。国家机构和文化企业应加强与国际媒体和平台的合作，借助全球化的信息渠道扩大文化传播的影响力。

5. 文化传播中的伦理与责任

在推动中华文化走向世界的过程中，需要处理好技术应用与文化责任之间的关系。AI 技术虽然提高了传播效率，但也可能引发文化的同质化与商业化问题。过度依赖技术手段，可能导致文化内涵的流失与价值观的淡化。因此，文化传播战略需要强调文化的真实性与多样性，避免将文化简化为消费品。

此外，文化传播还应注重伦理问题的把控。在全球文化交流中，文化传播者应尊重不同国家和地区的文化习惯与宗教信仰，避免因文化冲突而引发不必要的矛盾。技术的使用应遵循道德规范，保障用户的隐私与权益。只有在尊重多元文化的基础上，才能实现中华文化与世界的和谐共存。

中华文化走向世界的战略愿景，不仅体现了文化自信与开放态度，也为全球文化多样性的发展注入了新的动力。在科技的赋能与双向互动的推动下，中华文化的国际传播正迎来前所未有的机遇。

8.2.2　人工智能与全球文化多样性的共同繁荣

在全球化进程中，文化多样性面临着前所未有的机遇与挑战。人工智能的广泛应用为不同文化之间的互动、传播和创新提供了新动力。通过智能化技术的辅助，各国文化不仅能够更有效地传播和保存，还能在碰撞中实现共生共荣。然而，如何在技术主导的时代保持文化的多样性，并确保文化在全球语境中的包容性，是一项需要深入探讨的议题。

1. 多样性在全球语境中的重要性

文化多样性不仅体现了各民族独特的历史、信仰和社会结构，还构成了全球文化生态的基础。在这一生态中，任何一种文化的消失或被同化，都会削弱人类文明的丰富性与创造力。全球文化多样性的维护，这需要依靠各国之间的平等交流与共同尊重。人工智能技术的发展，为这种多样性的传播和延续提供了强有力的工具，但也带来了同质化的风险。

在全球文化交流中，技术主导的内容推荐算法往往倾向于推送流行文化内容，而忽略了小众文化和非主流文化的价值。这种倾向可能会加剧文化的不平等，削弱全球文化的多样性。因此，需要利用人工智能技术主动发现、推广和支持多样化的文化内容，实现全球文化之间的平等互动与共同繁荣。

2. AI 如何推动文化多样性的传播

AI 技术的核心能力在于其强大的数据处理与分析能力。通过对全球文化内容的分析与分类，人工智能能够精准识别不同地区、不同文化中的独特元素，并将其以多语言、多形式的方式推向全球市场。例如，基于自然语言处理的翻译系统，可以将中华经典文学如《论语》与《道德经》翻译为多国语言，并实现语境化表达，确保文化内涵在跨语言传播中的完整性。这种技术大大降低了文化交流中的语言障碍，使各国文化能够超越国界进行互动。

算法驱动的个性化推荐系统，也为小众文化提供了传播机会。在以往的文化传播体系中，小众文化往往被主流文化所掩盖。然而，通过 AI 算法，文化平台可以根据用户的兴趣标签和行为数据，推送符合其偏好的内容。这种智能化推荐机制，不仅有助于小众文化在全球市场中的曝光，还促进了文化多样性的发展与传播。

3. 文化多样性与技术同质化的冲突

尽管 AI 技术在推动文化多样性方面展现了巨大潜力，但其本质上的同质化倾向仍然存在隐患。算法设计者的文化背景与价值观，可能在无意中对推荐内容产生偏向，导致部分文化在传播过程中被边缘化。同时，文化创作者在迎合算法需求时，可能会减少内容的原创性与多样性，导致文化表达趋于一致。这种同质化现象对全球文化的多样性构成了潜在威胁。

为了应对这一挑战，文化平台需要优化算法设计，将多元文化的包容性纳入算法模型中。在推荐系统中引入多样性指标，可以有效减少同质化的风险。文化政策的支持同样不可或缺，各国政府与文化机构应制定相应的政策，鼓励 AI 技术在文化传播中的多元化应用，确保不同文化在全球传播体系中的平等地位。

4. 人工智能与文化共生的创新路径

文化与技术的共生需要在多维度上实现创新。AI 不仅是文化内容的传递工具，更是文化共生的新载体。在虚拟现实和增强现实技术的支持下，AI 可以为用户创造出多文化交互的沉浸式体验。用户可以通过虚拟空间参与不同国家的节庆活动，感受多元文化的魅力。例如，在虚拟元宇宙中，用户能够同步参与中国的春节与西方的圣诞节，亲历跨文化的节庆氛围。这种创新路径为全球文化共生创造了新的可能。

智能创作工具的应用，也为文化共生提供了新的模式。AI 辅助的内容生成技术，使不同文化的创作者能够更加便捷地进行合作与创新。例如，中国的传统绘画艺术可以通过 AI 技术与西方的现代艺术融合，创造出具有跨文化特色的新艺术形式。这种智能化的创作方式，打破了文化之间的界限，为文化共生与创新提供了全新的思路。

5. 文化共生的伦理与政策考量

文化共生不仅需要技术支持，还需要伦理规范的保障。在 AI 驱动的文化传播中，如何确保文化的原真性与尊重，是一项重要的伦理课题。文化内容的生成与传播，应当遵循文化的内在逻辑与价值，而非简单的技术逻辑。各国政府与文化机构需要在技术应用的同时，加强文化伦理教育，确保技术与文化的融合发展。

政策的制定同样至关重要。在推动文化共生的过程中，各国应建立多边文化合作机制，通过政策引导与技术规范的制定，保障不同文化在全球传播中的平等参与。同时，文化政策应鼓励 AI 技术的创新应用，为文化共生创造更多的可能性。

人工智能与全球文化多样性的共同繁荣，需要在技术创新与文化包容之间找到平衡点。文化共生不仅是技术应用的结果，更是多元文化相互尊重与理解的体现。

8.2.3　构建全球文化生态体系的中国贡献

全球文化生态体系的构建，是推动不同文化在多元背景下共存与繁荣的关键议题。这一体系强调文化的多样性、包容性和共生性，旨在通过国际合作与技术创新，实现跨文化交流的可持续发展。在这一过程中，中国作为拥有悠久历史和丰富文化底蕴的国家，正在利用科技与文化融合的优势，为全球文化生态体系的发展作出独特的贡献。

1. 文化生态体系的多元性与共生逻辑

文化生态体系的核心在于多样性与共生。不同国家和地区的文化背景、语言、传统习俗各有千秋，共同构成了世界文化的丰富图景。通过多元文化的互相理解与包容，全球社会能够实现文化的共存与共生。生态系统的核心原则同样适用于文化领域——文化如同生态系统中的物种，只有在多样性与相互依存的基础上，才能实现繁荣。

中国文化倡导的"和而不同"理念，正是多元文化共生逻辑的重要体现。在这一理念的指导下，中国通过促进文化交流与合作，推动不同文明之间的对话。这种文化共生逻辑，不仅有助于打破文化壁垒，还为构建全球文化生态体系提供了理论支持与实践路径。

2. 技术创新助力中国文化的全球传播

中国正借助技术创新实现文化的全球传播，为全球文化生态体系注入新的活力。人工智能、大数据、虚拟现实等技术的应用，使中华文化以数字化形式进入国际视野。AI 技术在文化内容生成与翻译方面的突破，为跨文化交流提供了便利。例如，智能翻译系统不仅解决了语言障碍，还通过语境分析实现了文化内涵的精准传递。用户能够在母语环境中理解并欣赏中华文化，从而提升国际传播的有效性。

此外，虚拟博物馆与数字展览等创新形式，使得中国的历史文化遗产得以在全球范围内展示。用户无须亲临现场，便可通过虚拟平台体验中国的文化风貌。这些技术手段不仅拓展了文化传播的路径，还增强了文化体验的沉浸感，为文化生态体系的多样性发展提供了支持。

3. 中国文化对全球议题的回应与贡献

在全球文化生态体系的构建过程中，中国文化的价值观与智慧为应对全球挑战提供了参考。可持续发展、社会责任与人类命运共同体意识，已经成为当代国际社会的重要议题。中国的"天人合一"思想与"共同富裕"理念，为这些全球议题提供了文化层面的启示。通过倡导人与自然和谐共处的理念，中国文化与全球生态保护的价值观形成了共鸣。

与此同时，中国积极推动"一带一路"倡议中的文化交流合作，为全球文化生态体系的发展贡献了力量。在这一框架下，共建"一带一路"国家和地区通过文化项目的合作，实现了文化资源的共享与互通。这种文化合作不仅推动了经济发展，还促进了不同文明之间的相互理解，彰显了中国在全球文化治理中的重要角色。

4. AI 与中国文化在全球生态体系中的适应与创新

AI 技术在推动文化生态体系发展中的应用，为中国文化的国际传播开辟了新的路径。在跨文化交流中，AI 不仅作为内容生成的工具，更是促进文化对话的桥梁。例如，在国际节庆活动的推广中，AI 系统通过分析全球用户的文化偏好，为不同地区设计个性化的文化活动。这种智能化的传播模式，使中国文化能够与当地文化有机结合，实现跨文化语境中的创新与融合。

此外，AI 的适应性为中国文化在不同生态体系中的落地提供了支持。通过智能算法与数据分析，AI 系统能够根据不同国家和地区的文化特性，动态调整传播策略，确保文化内容的精准传递。这样的智能化传播路径，不仅增强了中国文化的全球适应力，也为文化生态体系的共生发展创造了条件。

中国在构建全球文化生态体系中的贡献，不仅体现于文化的推广，更体现在价值观的传播与技术的创新。在多元文化的互动与共生中，中国正通过实践诠释其在全球文化治理中的责任与担当。

第9章

结　论

9.1　科技与文化融合的智慧路径

科技与文化的融合不仅改变了文化的传播方式，还推动了文化的创新与传承。科技作为工具和载体，提升了文化内容的传播效率，并创造出新的表达形式，为文化的现代化和全球传播提供了重要支持。然而，科技与文化的关系并非简单的工具与内容的关系，而是交织着深层次的价值冲突与平衡需求。在这一过程中，如何有效地运用科技推动文化发展，同时保持文化的独特性与内涵，是一条需要谨慎探索的智慧路径。

科技赋予文化传播以速度与广度，使得信息可以迅速而精准地抵达全球用户。人工智能、大数据和智能算法的应用，使文化内容的分发更加高效，满足了用户个性化的需求。例如，智能推荐系统能够通过分析用户的兴趣和行为，为其推送符合个人喜好的文化内容。这种个性化传播模式不仅提升了用户体验，还增强了文化内容的影响力。

然而，高效传播的同时也伴随着深度的削弱。文化的价值不仅在于信息的传递，更在于思想的交流与情感的表达。人工智能生成的文化内容虽然能够模拟语言和艺术形式，但缺乏创作者的情感体验与思想深度。因此，在科技推动文化传播的过程中，必须警惕形式上的繁荣掩盖了内容的空洞。科技的力量应当用于拓展文化表达的可能性，而非取代文化的思想内涵。

科技与文化的融合过程，往往面临着创新与传承的双重挑战。创新是文化发展的动力，但任何创新都不应背离文化的根基。在这一点上，中华传统文化的传承与创新尤为重要。科技手段如虚拟现实（VR）、增强现实（AR）和人工智能生成内容（AIGC）等，为传统文化注入了新的活力。例如，AI 生成的古诗词与数字化非遗展览不仅丰富了文化表现形式，还拓宽了文化传播的路径。

与此同时，文化的传承需要保持其本真性与仪式感。过度追求技术的创新可能会削弱传统文化的精神内涵，甚至使其沦为简单的商业符号。在文化与科技融合的过程中，需要保持对传统文化的敬畏，并在创新中传递其核心价值。这种平衡不仅体现在内容的创作上，还体现在传播方式的选择上。文化传播者需要在科技赋能的基础上，确保内容与形式的协调统一。

科技赋能的文化传播不仅在国内促进了文化的多样性，也在国际传播中推动了文化的包容与共生。中华文化的国际传播，需要在全球化语境中实现本土化与国际化的有机结合。AI 技术通过跨语言、跨文化的适应能力，实现了不同文化之间的互通与共生。例如，智能翻译系统不仅提供了语言转换的工具，还在语境上实现了文化内涵的精准传达。

然而，文化的包容性并不意味着同化或消解。科技赋能的文化传播应当尊重不同文化的独特性，并通过开放的态度促进不同文化之间的平等对话。这一过程需要避免技术霸权与文化中心主义，确保科技与文化的融合过程是开放包容的。只有在包容与共生的基础上，文化才能在全球范围内实现真正的传播与共享。

科技与文化的融合带来了新的伦理挑战。人工智能与大数据的广泛应用，虽然提高了文化传播的效率，但也引发了隐私保护、版权归属等问题。例如，AI 生成内容在创作过程中可能涉及未授权的数据使用，导致版权纠纷与伦理争议。文化传播者和技术开发者需要共同承担社会责任，确保科技的应用符合伦理规范，并维护文化的公平性与合法性。

在这一过程中，政策的引导与规范尤为重要。政府、企业与社会组织需要建立多方合作机制，推动文化与科技的健康发展。通过完善的政策体系与法律框架，可以减少科技应用中的风险，确保文化传播的公正与透明。与此同时，教育与宣传也应加强对科技与文化融合的理解，培养用户的数字素养与文化认知能力。

科技与文化的融合是一条充满机遇与挑战的智慧路径。在这一过程中，需要在效率与深度、创新与传承、多元与包容之间寻求平衡。科技的力量应当成为文化发展的助力，而非干扰文化的本质。只有在尊重文化价值与社会责任的前提下，科技与文化的融合才能实现真正的共生共荣。

9.2　人工智能推动下的中华文化复兴与全球传播愿景

人工智能的快速发展，为中华文化的复兴与全球传播提供了前所未有的机遇。它不仅重塑了文化的传播方式，也推动了内容生成、文化体验与传播路径的多样化。AI 的应用使中华文化得以突破传统的地域限制，在数字空间中得到更广泛的呈现。通过智能技术，中华文化展现出强大的生命力，在全球范围内构建起更为开放、包容的传播体系。

文化复兴的关键在于如何在现代语境中重新发现传统文化的价值。人工智能通过自然语言处理、图像生成和语音合成等技术，将传统文化元素与现代科技结合，生成具有全新表现形式的内容。古典诗词、书法、绘画等文化瑰宝在智能系统的辅助下得以数字化，并在国际平台上实现广泛传播。这种文化复兴不仅是形式上的延续，更是文化内涵的重构。传统与现代在技术的助推下达成了深层次的对话，使中华文化焕发出新的活力。

文化的复兴还意味着多样化的创作模式和个性化的文化消费。AI 不仅让文化内容的生成更加便捷，还使用户能够根据个人兴趣选择符合自身需求的文化内容。个性化推荐系统和智能平台的应用，使传统文化内容能够精准推送给不同背景和兴趣的受众群体。这种消费模式的变革，拓展了文化市场的边界，为传统文化的复兴提供了更加广阔的空间。

中华文化的全球传播需要突破传统的单向传播模式，构建更具互动性与包容性的传播体系。AI 技术在这一过程中发挥了关键作用。智能算法和大数据分析可以帮助传播者更好地了解受众需求，从而制定更加精准的传播策略。不同文化背景的用户通过 AI 驱动的多语言翻译与内容生成技术，可以无障碍地接触和理解中华文化。这种基于数据分析和用户反馈的传播体系，提升了文化传播的效率与效果。

全球传播还需要解决文化间的冲突与误读。AI 在这一过程中起到了调适和协调的作用。智能系统可以根据不同国家和地区的文化特点，对内容进行语境化处理，避免因符号差异而引发的误解。这种基于 AI 的文化适应机制，使中华文化在全球传播中更加顺畅。同时，智能系统的应用，也为跨文化交流提供了新的途径，使不同国家的文化得以在交流与对话中实现共生。

在文化复兴与全球传播的过程中，技术的应用不可避免地带来伦理挑战。AI 生成内容在促进文化创新的同时，也可能导致原创性与真实性的稀释。如何在技术与文化之间保持平衡，是文化复兴与全球传播中需要解决的重要课题。技术的运用应当尊重文化的独特性与内在价值，避免陷入技术至上的误区。

文化传播中的隐私与数据安全问题同样不可忽视。AI 在分析用户数据、推送文化内容时，需要严格遵守数据保护法规，避免侵犯用户隐私。文化传播的包容性也应成为技术设计的重要原则。智能系统在生成与分发内容时，需要确保不同文化的平等呈现，避免因算法偏见而导致文化边缘化或同质化的现象。

文化的全球传播离不开多方合作。政府、企业、社会组织与个人需要在技术与文化的交汇点上形成合力，共同推动文化的创新与传播。国际合作机制的建立，可以为中华文化的传播创造更加有利的环境。通过 AI 技术的共享与合作，不同国家和地区能够在文化传播中实现资源的互补与优势的整合。

共享生态的建立，还意味着传播路径与技术标准的开放。文化传播不仅是内容的输出，也是思想与价值观的互动与融合。智能技术的开放性，使文化传播体系更加灵活，并能够根据实际需求进行快速调整。这种共享与开放的生态体系，有助于实现文化传播的可持续发展，为中华文化在全球语境中的立足提供了强有力的支撑。

人工智能为中华文化的复兴与全球传播注入了新的活力。通过技术与文化的深度融合，传统文化在数字时代得以延续与创新。全球传播体系的构建，不仅提升了中华文化的影响力，也为世界文化的多样性发展提供了重要的推动力。

参 考 文 献

［1］池佳慕，许蓉新，吴晓，张子莹，潘奕丞．"一带一路"视域下中国传统工艺的跨文化传播研究［J］．商展经济，2024（2）．

［2］弘文．旧邦新命：建设中华民族现代文明［J］．党史文苑，2023（7）．

［3］梁小栋，王孟．AIGC时代中华原创文化的国际传播策略［J］．新闻爱好者，2024（2）．

［4］徐家琪，毛蔚翎．AIGC在"一带一路"中国传统文化设计中的创新性应用［J］．上海服饰，2024（5）．

［5］阳海洪，张雨．阐释力："一带一路"背景下文化产业走出去的核心竞争力［J］．衡阳师范学院学报，2022（5）．

［6］杨苾茜，王芸艺，黄彪，等．人工智能视域下高校传承中华优秀传统文化途径探索［J］．现代教育与实践，2024，6（10）．

［7］杨国藏，马瑞贤．数字语言服务视角下中国文化的国际传播研究［J］．传媒，2023（22）．

［8］杨海平．AIGC出版助力中华民族现代文明建设［J］．中国编辑，2023（12）．

［9］Artificial Intelligence：New Artificial Intelligence Findings from Chinese Culture University Outlined（Integrated artificial intelligence-based resizing strategy and multiple criteria decision making technique to form a management decision in an imbalanced environment）［J］．Journal of Robotics & Machine Learning，2017（97）．

［10］Barnes J A，Zhang Y，Valenzuela A．AI and culture：Culturally dependent responses to AI systems［J］．Current Opinion in Psychology，2024（5）．